개정판

푸드 스타일링

F O O D S T Y L I N G

PREFACE

맛은 물론이거니와 보는 것만으로도 행복해지고 감동을 주는 아름다운 음식이야말로 최고의 요리이며 이러한 작업을 훌륭히 수행하는 사람을 최고의 요리사, 즉 이 시대가 말하는 최고의 푸드 스타일리스트라고 할 수 있을 것이다. 과거에는 요리라 하면 맛과 양이 중요했으나 풍요로운 삶을 누리고 있는 현대인들은 단순히 맛만을 느끼는 것이 아니라 먹는 행위에서 즐거움을 찾고 쾌락을 추구하며 이를 통해 인간다운 소통을 이루기 때문이다. 그래서인지 음식과 그릇담기는 모든 관련 분야에서 마지막까지 고민하게 되는 공통적 주제로 남아 있다.

이 책은 광고 분야의 푸드 스타일링 연출법에 중점을 둔 기존의 여러 책자와는 달리 실제로 먹을 음식을 알맞게 담는 방법을 설명하고자 색채와 디자인 등 미적 감각의 기본적인 요소를 비롯하여 푸드 디자인의 원리와 요소, 나라별 · 유형별 식기의 특징과 음식 문화, 이미지와 그릇담기 연출의 이해에 대한 내용 등을 면밀히 다루었으며 한식의 주식류와 부식류부터 서양 요리까지 음식 꾸미기와 그릇담기의 요령을 수록하였다. 여기에 푸드 이미지 크리에이션 분야를 새롭게 추가하여 사전 작업인 이미지 밑그림을 통해 의도한 대로 그릇담기를 진행하면서 연출의 결과와 비교하고 평가할 수 있도록 구성을 보완하였다.

아름다운 것만으로는 최고의 음식이 될 수 없다. 맛있게 요리하고 어울리는 식기를 골라 먹기에 편하면서도 보기 좋게 담아 감동스러운 그릇담기가 이루어질 때 최고의 음식이 완성된다고 생각한다. 여러분 모두가 최고의 음식을 만드는 최고의 푸드 스타일리스트가 되길 바라는 마음으로 이 책을 집필하였다. 많은 과정을 거치는 가운데 사진 촬영 시 큰 도움을 주신 박연진, 김영순, 박은민, 최다은, 김소영 교수님께 깊은 감사를 드리며, 출간까지 애써 주신 모든 분께도 감사의 뜻을 전한다.

저자 일동

CONTENTS

Chapter 04 | 한국의 식기

Chapter 05 | 일본과 중국의 식기

Chapter 06 | DSLR 카메라와 음식 촬영

Chapter 07 | 푸드 디자인

CHAPTER

01

푸드 스타일링의 이해

01

FOOD STYLING

1. 푸드 스타일링의 개념
2. 푸드 스타일리스트의 활동 영역

1. 푸드 스타일링의 개념

'식食의 쾌적함의 창조'를 목표로 하는 푸드 코디네이트 혹은 푸드 스타일링은 업무상 이루어지는 모든 접대를 포함하며, 이렇게 음식과 관련된 쾌적함 · 즐거움 · 아름다움인 '어메니티amenity'와 접대 · 환대 · 후대인 '호스피탈리티hospitality'를 목적으로 일하는 사람을 푸드 코디네이터food coordinator라고 한다. 푸드 코디네이터는 메뉴 연출가, 레스토랑 프로듀서, 테이블 코디네이터, 라이프 코디네이터, 푸드 스타일리스트, 소믈리에, 플로리스트, 파티 플래너 등의 명칭으로 불리며 식공간의 창출을 위해 활동하는 사람이라고 할 수 있다. 특히 푸드 스타일리스트food stylist는 요리에 어울리는 식기를 골라 보기 좋게 담고 그에 어울리는 소품을 곁들이는 작업을 담당하는 사람으로서 음식을 만들거나 이미 만들어진 요리를 보다 맛있게 보이도록 시각적인 생명을 불어넣는다.

2. 푸드 스타일리스트의 활동 영역

푸드 스타일링food styling의 영역은 단순한 조리에서부터 식공간에 대한 이해, 더 나아가 메뉴 구성, 메뉴판 제작, 디자인의 분야까지 광범위하게 뻗어 있다. 따라서 푸드 스타일리스트를 지망한다면 트렌디한 아이템, 현대적인 감각을 기본으로 섬세함과 함께 음식에 관련된 다양한 분야의 전문가로서 지식을 갖춰야 한다.

푸드 스타일리스트의 활동 영역은 각 나라의 문화적 배경과 경제적 발전 상태에 따라 다르다. 푸드 스타일리스트의 역할이 세분화된 미국의 경우 광고, 마케팅, 영상 매체 등 다양한 부문에서 활발한 활동을 전개하고 있다. 가까운 일본만 보더라도 푸드 코디네이터가 디자인, 촬영, 일러스트, 이벤트 기획 등 전문가의 영역까지 진출해 있다. 21세기에 건강과 웰빙이 트렌드화하면서 우리나라에서도 푸드 스타일링 분야가 유망 직종으로 떠오르고 있으나 그에 따르는 자질을 지닌 전문 인력은 부족한 것이 현실이다. 우리나라에서 푸드 스타일링 전문가로 활동할 수 있는 영역과 그 발전 가능성은 다음과 같다.

1) 광고

광고 매체 중 인쇄광고와 전파광고는 신문, 잡지, 전단광고, 그리고 TV와 라디오 광고 등으로 푸드 스타일리스트의 활동 영역 중 가장 큰 비중을 차지하는 분야이다. 그 외에 옥외광고, 교통광고, 온라인광고 등도 비주얼적인 분야에서 그 적용 범위가 확대되고 있다.

(1) 인쇄광고

인쇄광고는 단순한 광고 시안에서 시작하여 인쇄술 및 그래픽의 발달과 더불어 시각적인 면이 강조되면서 활성화되었다. 특히 잡지광고는 음식광고의 중요한 매체로서 푸드 스타일리스트들의 등용문이자 주요 활동 영역이다. 잡지 또한 전문성을 띠면서 색상 등 시각적인 요소를 강조하여 분야별 무크지mook誌(잡지의 magazine과 단행본의 book을 결합한 합성어로 잡지와 단행본의 성격을 지닌 부정기적 간행물)나 전문잡지가 발간되는 등 음식 전문지나 단행본을 통한 요리 관련 기사와 사진의 비중이 커지고 있다. 과거에는 단순히 기자들의 안목으로 진행되었던 일들이 이제는 기자의 의견을 수용해서 음식을 연출하는 전문 푸드 스타일리스트의 분야로 확고히 정립된 시대가 도래한 것이다.

(2) 전파광고

짧은 시간에 최대의 효과를 올려야 하는 텔레비전의 전파광고 분야는 최근 고화질의 기술력 향상에 힘입어 음식광고의 독보적인 수단으로 자리매김하였다. 인쇄광고 가운데 잡지가 푸드 스타일리스트의 등용문이라면 어느 정도 경력을 쌓은 뒤에는 텔레비전의 광고 분야로 진출할 수 있다. 음식뿐 아니라 조리 도구 등 관련 제품을 판매하는 분야까지 활동 범위가 다양해지면서 푸드 스타일리스트의 전문적 역량을 발휘할 수 있는 기회의 폭이 넓어지고 있다.

(3) 기타 광고

전광판, 현수막, 지하철광고 외에도 온라인광고의 등장으로 음식 관련 광고물 제작이 활발해지고 있다.

2) 메뉴 플래닝

메뉴 플래닝menu planning은 소비자의 기호 파악과 함께 최신 트렌드에 적합한 감각이 필요한 분야이다. 외식산업의 전반적인 발전으로 푸드 스타일리스트의 활동 분야가 확대되고 있는 요즘 더욱 그렇다. 특히 레스토랑은 컨셉 설정과 식공간의 연출, 신메뉴 개발launching, 이벤트성 메뉴 기획과 전체적인 운영에 관한 컨설팅까지 다양한 부문이 활동 기반을 마련해 준다.

3) 외식경영 컨설팅

외식경영 컨설팅은 소비자의 다양한 기호와 메뉴를 토대로 점포의 입지를 분석하여 위치를 정하고 메뉴와 식공간 연출 컨셉을 기획하며 점포 설계, 인테리어, 개점까지 제안하는 역할을 한다. 상품의 내용, 메뉴의 구성과 재평가, 점포 내외의 장식, 주방 설비, 서비스의 품질 개선 등과 관련된 문제점을 해결하고 개점까지의 모든 과정을 총괄하는 기획자의 영역으로서 미래의 푸드 스타일리스트의 또 다른 발전 분야라 할 수 있다.

4) 파티 플래너

사교와 정보 교환의 장이 되는 파티는 정보화 시대에 발맞춰 이제 우리나라에서도 쉽게 접할 수 있는 하나의 문화로 자리 잡았다. 다양한 파티 문화가 형성되면서 기획부터 연출까지 파티 플래너party planner의 역할이 늘어나고 그만큼 푸드 스타일리스트의 영역도 확대되고 있다. 파티나 연회의 목적과 예산에 맞춰 전체적인 내용을 기획하는 시작부터 세부 프로그램은 물론 이벤트와 공간 연출, 메뉴 구성, 서비스 방법, 스타일링 등에 이르기까지 총체적인 진행을 담당한다.

5) 푸드 라이터

푸드 라이터food writer는 아직은 다소 생소할 수도 있겠다. 주로 음식에 관련된 평론, 기사, 칼럼 등의 집필을 시작으로 단순히 음식뿐만이 아니라 주변 환경, 서비스, 음식의 질, 분위기 등을 관찰 · 분석하여 식문화 트렌드를 설득력 있게 글로 선도하는 분야이다.

6) 기타

매장 내 메뉴의 진열 상태와 위치, 계절별 디스플레이를 통해 매출을 유도하는 푸드 디스플레이food display 분야, 점포에 필요한 주방 설비, 조리 도구, 식자재의 개발 등 판매 촉진을 위한 조언을 하는 주방 기기의 개발 제안kitchen of instrument develop 분야, 그리고 식자재의 영양학적인 면을 고려하여 소비자 개개인의 구미에 맞게 맞춤 요리를 제공하는 특별식의 코디네이트nutrition of coordinate 분야까지 세분화 및 전문화되면서 그 활동 영역이 점차 확대되고 있다.

푸드 스타일링 분야는 점점 더 다양하게 세분화되고 있다. 단순히 음식의 비주얼을 통한 연출에 국한되지 않고 음식에 관련된 모든 범위에 탄탄한 실력과 성실함 등을 겸비하여 접근한다면 보다 더 많은 영역에서 발전적인 방향을 모색할 수 있을 것이다.

CHAPTER

02

색채

02

FOOD STYLING

1. 색의 체계
2. 색의 삼속성
3. 색채와 그릇담기
4. 색채와 감성
5. 색채와 맛

색이란 빛이 물체에 비쳐 반사, 분해, 투과, 굴절, 흡수될 때 망막과 시신경을 자극하여 감각적으로 나타나는 것이다. 따라서 빛은 색이 존재하기 위한 절대적인 전제 조건이다.

음식을 선택할 때 영향을 주는 여러 가지 시각적인 요소 중 색채는 그 음식의 첫인상을 결정하고 후각, 미각, 음식과 관련된 생각을 자극하여 식욕을 느끼게 하는 중요한 성분이다. 요리의 색상에 대한 반응은 즉각적이고 민감하게 나타나며 식욕의 증진과 감퇴의 직접적인 원인이 되기도 한다.

1. 색의 체계

표준색표란 색을 정확하게 사용하기 위한 규정으로, 색은 인간의 감성에 따라 주관적으로 느껴질 수 있기 때문에 양으로 측정하여 관리하기 위해 등장하였다. 먼셀, 오스트발트, NCS, CIE 등 고유의 체계를 갖고 있는 표색계는 국가별로 혹은 단체별로 표준화되어 사용되고 있다.

1) 먼셀 표색계 Munsell color system

1905년 미국의 색채학자 먼셀Albert H. Munsell에 의해 창안되었으며, 1943년에 수정되어 널리 사용되고 있다. 빨강, 노랑, 초록, 파랑, 보라의 5가지 색을 기준으로 하여 이 가운데 두 색을 섞은 중간색인 주황, 연두, 청록, 남색, 자주까지 10가지 색상을 기본색으로 규정하였다.

먼셀은 물체 표면의 색 지각을 기초로 심리적인 색의 속성을 색상, 명도, 채도로 구분하였으며, 색상 번호와 기호, 명도/채도의 순서로 표기한다. 예를 들어 빨강의 순색은 5R 4/14이며 여기서 5R은 빨강의 색상 번호와 이름, 4는 명도, 14는 채도를 의미한다. 무채색은 NV로 나타내며 4V는 명도 4의 회색을 뜻한다. 한국산업규격KS에서도 색 표시법으로 먼셀 표색계를 채택하고 있다.

그림 2-1 | 먼셀의 10색상환

2) 오스트발트 표색계 Ostwald color system

독일의 물리학자 오스트발트 Friedrich Wilhelm Ostwald 가 1916년에 창안하였다. 물체 표면색의 표본을 체계화한 혼색계 표색계로 회전 혼색기의 색채 분할 면적의 비율을 변환시켜 여러 색을 만들고, 그것과 동색인 것을 색표로 나타낸 것이다. 24색상환이 기본이었으나 1942년에 6가지 색상을 추가하여 현재는 CHM color harmony manual 인 30색상환을 사용한다. '순색량+흰색량+검은색량=100' 이라는 공식에 의한 색좌표로 복원추체를 만든 것이며 색상 번호, 흰색의 양, 검은색의 양의 순서로 표기한다.

3) CIE 표색계 CIE colorimetric system

1931년 국제조명위원회 CIE 가 물체의 색은 조명이나 보는 사람의 개인차에 따라 변한다는 점에 착안하여 발표한 정량화된 색의 표준이다. 이 표색계는 광원과 관찰자에 대한 정보를 표준화하고 표준 광원에서 표준 관찰자에 의해 관찰되는 색을 수치화하였다.

4) I.R.I. Hue & Tone 120 color system

색상, 명도, 채도의 삼속성에 의한 색채 표현을 색상hue과 색조tone로 단순화하여 색채 분포 분석을 용이하게 한 색표이다. 기존의 여러 유형의 색상 · 색조 체계를 발전시켰으며 한국인의 감각을 수용하여 만들었다.

10가지 색상과 11단계 색조로 이루어진 110개의 유채색과 명도에 따라 10단계로 나눈 10개의 무채색으로 120색을 제시하며 총 11가지의 분류를 사용하고 있다. 선명한 순색인 비비드vivid 톤에 흰색을 혼합하면 그 양에 따라 bright, pale, very pale 톤이 되고 검은색을 섞으면 deep, dark 톤이, 회색을 섞으면 strong, light, dull, light grayish, grayish 톤이 된다.

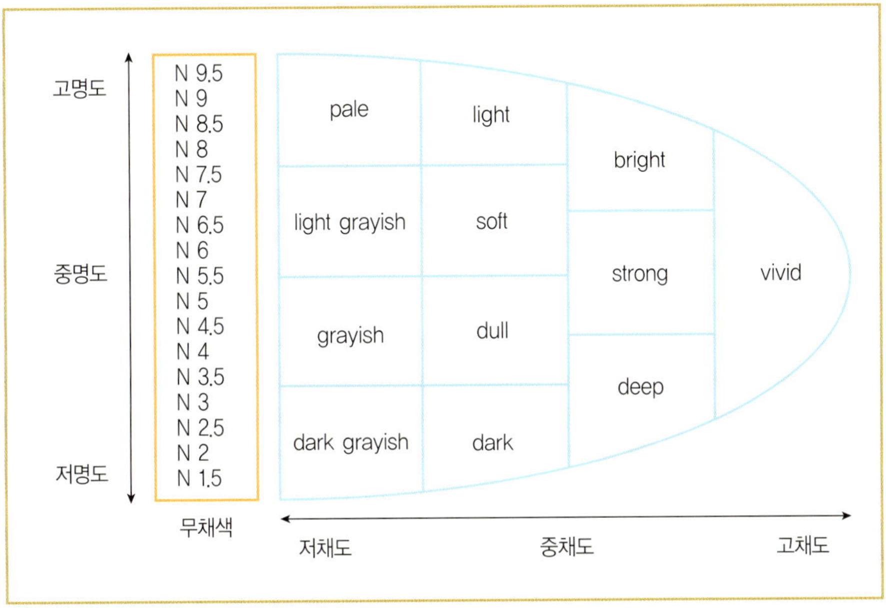

그림 2-2 | 색조의 분류

색채 이미지 스케일은 색채가 주는 추상적인 이미지를 구체적인 색으로 또는 구체적인 색을 추상적인 이미지로 전환하여 해석이 가능하다. 색채 이미지 스케일에서 톤의 사용법은 다음과 같다.

- 화려한 톤 : v, s

- 밝은 톤 : p, b, l
- 가라앉은 톤 : ltg, g, s, d
- 어두운 톤 : dp, dk, dkg
- 무채색 : white, light gray ltGY, medium gray mGY, dark gray dkGY, black BK

표 2-1 | 색상의 구분과 특징

구분		이미지의 언어와 특징
회색조 grayish	약간 어두운 light grayish	담백한, 수수한, 소박한, 흐릿한, 온순한, 약한
		• 비비드 톤에 프렌치 그레이가 더해져 회색이 많아지는 만큼 지배적인 톤을 이루며, 개성이 약하고 소박한 느낌이다. • 비비드가 약해져서 각각의 색에 대한 차이가 없어진다. • 흐릿한 이미지로 안개가 낀 듯한 환상적인 이미지를 연출한다. • 상대 톤을 부각시킨다.
	어두운 grayish	칙칙한, 어두운, 음침한, 둔한, 침착한, 소박한
		• 비비드 톤에 그레이 톤이 더해져 명도가 약하여 색깔이 약간 느껴질 정도이며, 회색의 첨가로 발색이 둔해져 칙칙하게 보인다. • 어두운 만큼 침착한 느낌이며, 개성은 부족하지만 누구에게나 잘 어울리는 무난한 색으로 생동감은 거의 없다.
	매우 어두운 dark grayish	격조 높은, 댄디한, 안정적인
		• 중후하고 엄숙하며 치밀한 느낌이다. • 클래식한 분위기에 많이 사용된다.
음영조 shade	짙은 deep	깊은, 진한, 중후한, 충실한, 원숙한, 전통적인, 강한
		• 비비드 톤에 검은색이 50% 더해져 명도가 낮아져서 침착하고 중후한 이미지를 연출하며, 비비드와 같은 강렬함은 없으나 약간의 선명함은 느낄 수 있다. • 노련하고 능숙한 숙련가와 같은 이미지로 낡은 것이 아닌 고풍스러운 느낌을 준다. • 어두운 톤과 같이 믹스 표현 시 클래식한 이미지를 연출한다.
	어두운 dark	어두운, 남성적인, 점잖은, 강한, 단단한, 무게 있는, 무거운
		• 비비드 톤에 검은색이 30% 더해져 명도가 낮아져서 어두운 느낌이 전체적으로 강해진다. • 약동감이 적고 검은색과 대비 시 조용한 가운데 오랜 세월을 견딘 생명력이 전해진다. 화려하지 않은 소박한 느낌이 강하다.

2. 색의 삼속성

색은 색상, 명도, 채도의 3가지 속성으로 나뉘며 이를 색의 삼속성three attributes of color이라고 한다. 빨간색과 노란색 등 빛으로 구분하는 요인을 색상, 흰색 · 회색 · 검은색 등 밝은색과 어두운색으로 구분하는 요인은 명도, 맑은 색과 탁한 색으로 구분하는 요인은 채도라고 한다. 사람의 눈은 색의 삼속성 가운데 명도에 가장 예민하며 그다음에 색상, 채도의 순이다.

1) 색상色相, hue

색상은 빛의 길고 짧은 파장에 의해 결정되며 유채색만이 갖는 특성이다.

색상이란 빨강, 노랑, 파랑과 같은 색채를 말하며, 1차색인 빨강R, 노랑Y, 파랑B의 원색을 섞어 다른 여러 색을 만들 수 있다. 2차색은 초록G, 보라P, 주황YR으로 1차색을 섞어 만든 것이다. 3차색은 1차색과 2차색을 혼합해 만든 연두YG, 청록BG, 남색PB, 자주RP 등이다.

(1) 원색原色, primary color

원색은 다른 색과 혼합해서 만들 수 없는 기본 색상이다. 색료의 3원색은 마젠타magenta, 노랑yellow, 사이안cyan으로 잉크의 3원색과 같다. 색광의 3원색은 빨강, 초록, 파랑이다.

(2) 보색補色, complementary color

빛을 섞는 가산혼합에서 색광의 3원색 중에 함께 섞어 백색광이 되는 두 색을 보색이라 하며, 두 재료를 섞는 감산혼합의 경우 혼색의 결과가 검정 또는 짙은 회색이 되는 것을 보색 관계라고 한다.

(3) 색상환色相環, color circle

색상환은 색채를 체계화하기 위한 가장 일반적인 방법이며 원주 형태로 각기 다른 파장의 색상들이 순서대로 배열된다. 이때 서로 가까운 색을 유사색, 거리가 먼 색을 반대색이라고 한다. 반대편에서 마주 보는 색을 보색 관계라고 한다.

2) 명도明度, value

물체가 반사한 빛의 양에 따라 정해지는 색의 밝음과 어두움의 지표이다. 흰색에 가까울수록 명도가 높고 검은색에 가까울수록 낮다. 물체에서 들어오는 대부분의 빛을 흡수하면 어두운색을 띠고, 반대로 대부분의 빛을 반사하면 밝은색으로 보인다.

3) 채도彩度, chroma

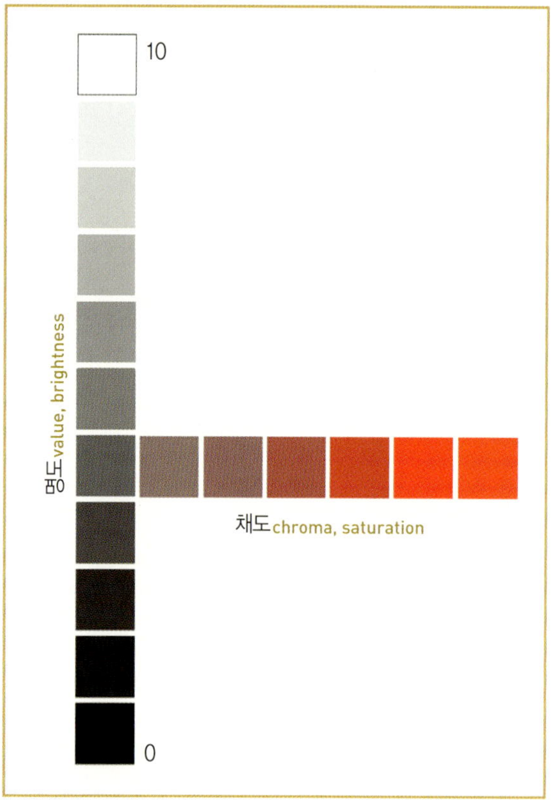

그림 2-3 | 명도와 채도

채도란 색의 맑고 탁한 정도를 가리키는 순도純度, purity 또는 포화도飽和度, saturation를 말하며, 색의 선명도나 색채의 강약의 정도를 말한다. 동일 계열의 색상 가운데 채도가 가장 높은 색을 순색純色, full color이라 하는데, 주로 원색을 비롯하여 색상환의 기본색들이 여기에 속한다.

회색이나 3가지 이상의 색을 섞어 탁하거나 색감이 약하고 선명하지 못하여 채도가 낮은 색을 탁색濁色, dull color이라 한다. 여러 가지 색상이 많이 섞일수록 무채색無彩色, achromatic color으로 변한다. 무채색에는 채도가 없다.

3. 색채와 그릇담기

음식을 그릇에 담을 때는 주제와 대상 또는 음식의 종류와 조리법에 따른 식자재의 상태에 의해 색을 구성해야 하며, 연출되는 공간의 분위기와도 어울려야 한다. 그릇담기를 할 때 이러한 배색의 조화를 이루기 위해서는 다음 사항에 주의해야 한다.

- 색상의 수를 가급적 줄인다.
- 크게 한색과 난색, 밝은색과 어두운색의 그룹으로 나눈다.
- 주제와 배경의 대비를 고려한다.
- 색의 감정 효과를 이용한다.
- 색의 명시성과 진출–후퇴, 팽창–수축의 운동감을 이용한다.
- 색의 공통성과 환경의 조명 상태를 고려한다.

1) 바탕색

식기와 테이블 또는 식탁보(테이블클로스tablecloth)의 기본 색상으로서 메뉴의 상태를 고려하여 정한다. 예를 들어 뜨거운 상태를 강조하기 위해서는 따뜻한 계열의 색을 고르고, 전통 음식을 담을 때는 고전적인 이미지의 그릇이나 리넨을 선택한다.

그림 2-4 | 바탕색과 음식 색의 통일감

출처 : 한국인이 가장 사랑하는 음식 韓食, 전주 음식 50선, 저자 스타일링

2) 배합색

음식과 그릇의 색과 모양, 테이블 위의 러너 등에 의해 연출한다. 주로 메뉴와 식기의 조화를 추구하며 색조도 대부분 비슷하다. 그림 2-5 와 같이 붉은색 당근과 바탕이 되는 붉은 격자무늬의 리넨을 매치하면 자연스러운 조화를 이룰 수 있다. 그림 2-6 은 음식과 식기 그리고 러너에 새겨진 전통 무늬의 색까지 유사하게 연출한 예이다.

그림 2-5 | 음식과 러너의 색의 조화

출처 : 죽순 요리 Ⅳ, 저자 스타일링

그림 2-6 | 음식 · 식기 · 러너 문양의 색의 조화

출처 : 한국인이 가장 사랑하는 음식 韓食, 전주 음식 50선, 저자 스타일링

3) 강조색

음식의 고명, 가니쉬, 토핑 등으로 강조가 되는 색을 말하며 음식 자체가 강조색의 역할을 하기도 한다. 많은 색을 쓰는 것보다는 2~3가지 색을 활용하여 메뉴가 돋보이게 하는 것으로 조리된 음식의 상태, 식기, 테이블, 식공간의 조화에 의해 복합적으로 표현된다.

그림 2-7의 왼쪽 사진은 배합색과 강조색이 어우러진 예로서 오이 · 바질 · 테이블클로스의 초록색, 핫도그와 그릇의 노란색이 각각 조화를 이루며 붉은빛의 당근은 강조색의 역할을 하고 있다. 오른쪽 사진은 연두색의 키위와 컵받침 그리고 스푼 손잡이가 배합색을 이루며, 노란색의 단호박 크림 위에 보랏빛의 블루베리와 빨간 딸기로 강조색을 연출하였다.

그림 2-7 | 배합색의 통일감과 강조색의 조화

출처 : 죽순 요리 Ⅳ(좌), 채소가 맛있다(우), 저자 스타일링

4. 색채와 감성

인간의 오감 중 가장 빠르게 전달되는 것이 시각이다. 색을 보고 느끼는 감각에 의해 이미지가 결정되고 미각, 후각, 청각, 촉각 등이 함께 뇌에 인식되어 맛, 냄새, 소리, 감촉 등을 인지하게 된다. 푸드 스타일링 가운데 그릇담기에서 담음새가 중요한 것은 인간의 오감에 영향을 끼치는 동시에 감동과 만족을 줄 수 있기 때문이다.

음식에는 고유한 이미지가 존재하며 그에 따른 색 또한 감각적인 연상을 동반한다. 냉면을 떠올리면 시원한 이미지와 함께 차가운 색이, 탕이나 국을 생각하면 뜨거움이 느껴지면서 따뜻한 색이 연상된다. 그 음식뿐 아니라 색 자체만을 떠올릴 때도 고유의 이미지가 형성된다. 이러한 이미지에는 개인의 지식, 경험, 문화적 · 시대적 요인이 작용하기 때문에 모든 사람의 연상 작용이 같다고 할 수는 없다. 그러나 연상은 인간의 생화학적 현상으로서 삶을 영위하는 과정 중의 하나이기에 역사적 · 문화적으로 공통적이고 일반적인 심리적 효과가 있으므로 색을 연출하는 스타일리스트는 이러한 기본적인 연상 이미지를 잘 파악하여 요리에 활용해야 한다.

1) 빨간색

식욕을 자극하는 대표적인 색이다. 다른 색과 배색 시 분명하게 드러나 강조색으로 많이 쓰인다. 전반적으로 붉은 계열의 색은 따뜻하고 정열적인 느낌이 강하다. 붉은색의 식자재도 바탕색이나 배경색에 따라 이러한 느낌들을 전달할 수 있다. 이 같은 특징으로 인해 충동구매의 대상이 되는 음식을 비롯하여 식품 패키지와 외식업체의 이미지 컬러로 폭넓게 이용되고 있다. 대표적인 예로 대부분의 패스트푸드점이 빨간색을 이미지에 이용하여 식욕을 불러일으키고 활기를 조성함으로써 객석 회전율을 높이고 있다. 빨간색은 정열, 흥분, 힘, 역동, 분노, 사랑, 온화함, 젊음, 순정, 따뜻함, 축제, 적극성, 꽃 등의 이미지가 연상된다.

색채 치료 시 붉은색은 혈압, 호흡수, 근육의 긴장감을 상승시켜 맛을 느끼는 감각과 후각이 예민해진다고 한다. 빨간색 식자재로는 딸기 등의 베리류와 체리, 석류, 서양자두, 수박, 사과, 토마토, 적후추, 비트, 강낭콩, 붉은 육류, 붉은살 생선

그림 2-8 | 빨간색 식자재의 연출

등이 있다.

2) 자주색

화려하고 다소 사치스러우면서도 우아하고 고급스러운 느낌으로 여성스러운 색을 대표한다. 절제된 엄격함이 느껴져 전통적인 이미지를 표현하기에도 적합한 색이다. 뷰티 관련 아이템, 머리핀, 모자, 의상 등의 화려함이나 소녀처럼 감성적인 이미지에 사용되기도 한다. 자주색은 아름다움, 따뜻함, 진한 맛, 사랑, 흥분 등의 이미지가 연상된다.

그림 2-9 | **자주색 리넨과 식기의 연출**

출처 : 한국인이 가장 사랑하는 음식 韓食, 전주 음식 50선(좌), 일상의 찬(우), 저자 스타일링

3) 주황색

침샘을 자극하는 효과가 있어 식욕을 돋운다. 탁한 색조의 주황색은 따뜻하고 풍요로운 대지의 느낌인 반면, 선명한 색조는 미래지향적인 분위기가 연상된다. 친근하고 건강한 느낌을 주는 생명력이 있지만 자칫 잘못하면 강렬한 색감으로 인해 전체적인 이미지가 경박해 보이거나 거부감이 생길 수 있으므로 주의해야 한다. 회색과 함께 사용하면 화사함을 연출할 수 있다. 주황색은 기쁨, 명랑함, 애정, 가을, 풍요, 열정, 활기, 건강, 에너지, 젊음, 친근함, 신선함, 가벼움 등의 이미지가 연상된다.

그림 2-10 | 주황색 식자재의 연출

색채 치료 시 주황색은 갑상선 기능을 촉진하고 부갑상선 기능은 저하시킨다고 한다. 주황색 식자재로는 오렌지, 망고, 파파야, 살구, 복숭아, 당근, 순무, 달걀노른자, 귤, 감, 멍게, 새우 등의 갑각류가 있다.

4) 노란색

명랑하고 힘차며 밝고 건강한 이미지의 색이다. 강렬한 기쁨이 느껴지며 주황색과 같이 밝고 따뜻함이 떠오른다. 특히 검은색과 배치될 때 시선을 집중시키는 효과가 크며, 회색과 배색될 때 가장 세련된 이미지를 연출할 수 있다. 밝은 파스텔 색조와 함께 환하고 캐주얼한 공간 연출에 적합하다. 비비드 톤보다는 채도가 낮은 색상일수록 부담감이 적다. 노란색은 미숙함, 신비, 풍요, 햇살, 새로움, 밝음, 맑음, 명랑함, 어린이, 여름, 소망, 집중 등의 이미지가 연상된다.

색채 치료 시 노란색은 소화 기관에 활력을 주고 혈액의 흐름을 정화하며 화를 가라앉힌다고 한다. 반면에 스트레스를 가중시키고 알레르기 반응을 일으킨다고도 한다.

노란색 식자재로는 보리, 현미, 렌즈콩, 단호박, 고구마, 배, 바나나, 파인애플, 노란 멜론, 버터, 옥수수, 꿀, 유자, 치즈, 카레 등이 있다.

그림 2-11 | 노란색 식자재의 연출

5) 초록색

안정감과 함께 익숙하고 편안한 여유로움을 느끼게 하며 자연스러운 색감으로 눈이 가장 인식하기 쉬운 색이다. 시원하고 신선한 느낌을 주며 황록색의 경우 산뜻한 느낌이, 밝은 청록색은 대담한 느낌이 더해진다.

건강, 신선함, 자연의 상징으로 채소 통조림, 건강식품, 음료 등에 자주 사용된다. 초록색은 온기, 기쁨, 희망, 건강, 편안함, 안정감, 안전감, 생명, 성장, 번영, 농촌, 재충전 등의 이미지가 연상된다.

색채 치료 시 초록색은 혈액의 응고를 풀어 주고 근육, 조직, 피부를 생성한다고 한다. 두통의 치료에도 효과적인 색으로 알려져 있다.

초록색 식자재로는 부추 · 브로콜리 · 청포도 · 키위 · 라임 · 셀러리 · 오이 · 양배추 · 서양호박 · 완두콩 · 시금치 등의 채소류, 녹차 · 올리브유 · 페퍼민트와 같은 허브류 등이 있다.

그림 2-12 | 바탕색으로 쓰인 초록색의 연출

그림 2-13 | 연두색 바탕과 초록색 식기의 연출

6) 파란색

하늘, 물, 바다의 색으로 차분하고 상쾌하며 환상과 자유, 꿈과 젊음을 느끼게 한다. 비즈니스 분야에 주로 사용될 만큼 신뢰할 수 있는 색으로 인식되어 기업의 이미지 통합corporate identity:CI 제작에 많이 활용된다. CI는 기업이 추구하는 가치를 공유하고 외부로 표현하는 경영 전략 가운데 하나인데, 여기에 파란색이 쓰이는 이유는 기업의 사회에 대한 사명, 역할, 비전, 가치 등을 명확히 하여 통일된 기업 이미지를 연상시키기에 적합하기 때문이다.

파란색 중에도 밝은 계열은 젊고 미래지향적인 분위기를 지닌 동시에 정적인 차분함이 느껴지며, 어두운 계열은 위엄과 기품이 전해진다. 그러나 식욕을 떨어뜨리는 경향이 있어 파란색의 식품은 많지 않은 편이다. 음식에서 파란색은 얼음을 연상시키기 때문에 특히 흰색과 같이 사용할 때 효과적이며, 냉동식품이나 음료수의 이미지에 어울린다. 파란색은 조용함, 평화, 쓸쓸함, 깨끗함, 차분함, 상쾌함, 젊음, 미래, 비즈니스, 편안함, 정적인, 신뢰, 명예 등의 이미지가 연상된다.

색채 치료 시 파란색은 통증과 긴장을 줄이기 위한 목적으로 사용된다. 특히 파란색 인테리어는 혈압을 낮추고 긴장을 풀어 주는 작용을 한다.

그림 2-14 | **바탕색으로 쓰인 파란색의 연출**

출처 : 채소가 맛있다, 저자 스타일링

그림 2-15 | 파란색 식탁보를 이용한 테이블의 연출

7) 검은색

과거에는 죽음, 애도, 슬픔, 고독 등과 연결되어 식료품 촬영에서 기피되는 색이었으나 최근에는 고귀함, 기품, 우아함을 표현하면서 와인이나 초콜릿 같은 고급스러운 느낌의 제품에 사용되고 있다. 모던하면서도 엄숙하고 위엄 있는 이미지 때문에 캐주얼한 음식에 사용해도 가볍지 않고 세련된 느낌을 준다. 검은색은 대비나 주변에 있는 색을 강조하는 데 효과적이어서 광고 스타일링 시 많이 쓰인다. 검은색은 엄격함, 위험, 미스터리, 신비, 세련미, 모던함, 아프리카, 긴장감 등의 이미지가 연상된다.

검은색 식자재로는 검은깨, 검은콩, 흑미, 표고버섯, 다크초콜릿, 블랙올리브, 블랙베리, 건포도, 커피 등이 있다.

그림 2-16 | 검은색 식기의 연출

그림 2-17 | 검은색 식기를 이용한 테이블의 연출

8) 흰색

색 중에서 가장 깨끗하고 밝은 느낌으로 순결하고 청초한 이미지를 대표한다. 마음을 진정시키고 집중력을 높이는 심리적 효과가 있으며, 특히 디자인에서 간결함을 표현할 때 흰색을 전체적으로 사용한다. 흰색 식기를 사용하면 메뉴의 신선함과 청결함을 강조할 수 있지만 음식을 담을 때 소스 등의 처리에 특히 주의해야 하며 클리닝 장갑을 끼면 작업 시 편리하다. 흰색은 순결, 청초, 고상함, 결백, 순수, 천진, 보수, 결혼, 병원, 겨울, 물, 시작, 진실 등의 이미지가 연상된다.

그림 2-18 | 흰색 식기의 연출

흰색 식자재로는 두부, 우유, 콜리플라워, 코코넛, 무, 마늘, 양파, 감자, 쌀, 밀가루, 인삼, 요구르트, 흰살 생선 등이 있다.

그림 2-19 | 흰색 식기를 이용한 테이블의 연출

5. 색채와 맛

음식에서 맛은 가장 먼저 색에 의해 전달된다. 색에 따라 식욕이 증진될 수도 있고 감퇴될 수도 있다. 식품의 색에 대한 선호도를 살펴보면 주황색과 빨간색이 가장 높으며 그다음에 노란색, 연두색, 초록색의 순으로 이어진다. 갈색, 파란색, 보라색은 오히려 식욕을 떨어뜨리는 것으로 나타났다.

물론 색에 따라 느껴지는 맛에는 개인마다 차이가 있다. 색채와 맛은 결국 일종의 연상 작용이며, 성장 시의 환경과 주로 접했던 음식 그리고 라이프스타일에 따라 같은 색을 보고도 다른 맛을 떠올릴 수 있다는 사실을 기억해야 한다. 그 외에 일반적으로 보편타당한 색채와 맛의 연상 관계는 다음과 같다.

1) 단맛

일반적으로 빨간색, 주황색, 노란색은 단맛을 떠올리게 한다. 분홍색과 빨간색을 사용하여 사탕, 젤리, 크림 등의 단맛을 느끼게 할 수 있다. 달콤하고 낭만적인 분위기를 표현할 때 밝은 분홍색이 많이 쓰인다.

그림 2-20 | 단맛이 느껴지는 색채의 연출

2) 짠맛

청록색, 회색, 흰색 등 차가운 이미지의 한색 계열은 짠맛이 느껴진다. 특히 소금 때문에 흰색은 짠맛이 연상된다.

그림 2-21 | **짠맛이 느껴지는 색채의 연출**

출처 : A업체 촬영, 저자 스타일링

3) 신맛

노란색과 연두색의 감귤류 과일이나 녹황색에서 신맛을 느낄 수 있다. 레몬의 노란색은 신맛을 나타내는 대표적인 색으로 사용된다. 그 외에 노란색의 자몽이나 초록색의 라임도 신맛을 표현하는 식자재로 쓰인다.

그림 2-22 | **신맛이 느껴지는 색채의 연출**

출처 : 재외공관 오만찬 가이드북, 저자 스타일링

그림 2-23 | 쓴맛이 느껴지는 색채의 연출

출처 : 저자 스타일링

4) 쓴맛

짙은 파란색과 갈색, 쑥색, 보라색을 보면 쓴맛이 떠오른다. 올리브그린과 갈색, 풀을 연상시키는 초록색 계열에서도 쓴맛을 느낄 수 있다. 푸릇푸릇한 채소와 바질페스토 그리고 갈색의 식자재가 자연스럽게 조화를 이루며 신선함과 동시에 쓴맛을 느끼게 한다 그림 2-23.

5) 매운맛

주로 빨간색과 검은색을 사용한다. 고추나 칠리 같은 붉은색이 매운맛을 표현하는 데 효과적이다.

그림 2-24 | 매운맛이 느껴지는 색채의 연출

출처 : 채소 음식(좌), D업체 메뉴북 촬영(우), 저자 스타일링

CHAPTER

03

서양의 식기

03

FOOD STYLING

1. 서양의 음식 문화
2. 서양의 상차림
3. 서양 식기의 종류

1. 서양의 음식 문화

고대에는 서양이나 동양의 음식 역사가 비슷했을 것으로 추정된다. 자연에서 얻은 것들을 조리하지 않고 날것으로 섭취하다가 불을 사용하면서 식생활에 큰 변화가 일어났을 것이다. 이후 곡물을 경작하기 시작하면서 식생활의 중요한 두 번째 전환점을 맞게 된다.

메소포타미아 시대(BC 4000~3000)에 이미 빵 굽는 모습의 그림이 발견된 것으로 보아 서양의 주식이 빵이었다는 사실을 알 수 있다. 고대 이집트(BC 2500) 시대에는 포도주를 마셨으며 소금을 사용하였다. 그리스 시대(BC 2000~1500)에는 하루에 4번 식사하였으며, 로마 시대(BC 900~AD 400)에는 철제 조리 도구가 발명되었다. 십자군 전쟁은 동양의 식자재가 유럽에 전파되는 계기가 되었다.

레스토랑에서 커트러리를 사용하기 시작한 중세에는 메디치 가의 결혼으로 이탈리아의 조리사들이 프랑스 식문화에 영향을 끼쳤으며 아이스크림, 커피, 버터, 설탕, 초콜릿 등이 식탁에 오르게 되었다. 카렘Carême, Marie Antoine에 의해 고전의 프랑스 요리가 창시된 시기이기도 하다.

요리가 종합 예술로 인식되기 시작한 근대에는 서양의 주방 기기가 발달하면서 조리법이 단순화되었으며, 에스코피에Georges Auguste Escoffier가 주방 시스템을 창시한 현대는 누벨 퀴진nouvelle cuisine, 퓨전fusion, 패스트푸드fast food 등의 활약이 눈부셨던 시기였다. 최근에는 슬로푸드slow food, 로컬푸드local food, 로하스lifestyle of health and sustainability : LOHAS 등이 주목 받고 있다.

2. 서양의 상차림

서양의 상차림을 위한 5대 요소는 그릇dinnerware, 커트러리cutlery, 글라스웨어glassware, 리넨linnen, 센터피스centerpiece이다. 이 가운데 그릇을 제외한 4가지 요소를 먼저 살펴보겠다.

1) 커트러리 cutlery

젓가락을 사용하여 밥을 먹는 일본이나 중국에 비해 식도구의 종류가 많은 것이 서양의 특징이다. 나이프, 포크, 스푼 등의 식사 도구를 커트러리라고 하는데 이는 '물건을 자르다' 라는 라틴어에서 유래하였다. 실버웨어 silverware는 나이프, 포크, 스푼 외에 테이블 위의 모든 은식기를 총칭하는 말로 개인용 커트러리와 서비스용 커트러리를 포함한다.

그러나 1840년경부터는 양은洋銀이라는 은 가공기술이 발전하면서 순은 제품이 아니더라도 실버웨어라는 말을 쓰게 되었으며, 플레이트웨어 plateware라고 표기하기도 한다. 보기에 아름답고 음식의 맛을 변화시키지 않는 은 제품이 최상급이며 금이나 은도금 제품이 그다음이다. 일반적으로 레스토랑이나 가정의 일상용으로는 저렴하고 튼튼한 스테인리스 제품이 적합하다. 커트러리는 개인용과 공동용으로 나뉘며, 크기에 따라 메인용과 디저트용으로 분류하기도 한다.

(1) 스푼 spoon

인류 역사상 최초의 식사 도구는 스푼이며, 해안가에 거주했을 당시 주변에서 쉽게 구할 수 있었던 조개껍데기가 그 원형으로 추정되고 있다. 특히 수프가 인기 있던 시대의 서양 식탁에서는 스푼의 비중도 높았으나 정찬 코스에서조차 수프가 생략되는 경우가 많은 현대에는 세팅에서 제외되기도 한다. 다용도 테이블스푼, 디저트 스푼, 아이스크림 스푼, 티스푼, 데미타스 스푼 등이 있다.

(2) 나이프 knife

조리용 도구이자 식사용 도구이기도 한 나이프는 초기에는 무기이면서 동시에 연장의 역할을 하는 다목적 기구였다. 이후 포크가 등장하면서 순수하게 써는 용도로만 사용하게 되었으며 지금은 생선용과 육류용을 구분하여 쓰고 있다. 다용도 테이블 나이프, 스테이크 나이프, 디저트 나이프 외에도 버터를 빵에 바르는 버터 스프레더 butter spreader 등이 있다.

(3) 포크fork

식사 도구 가운데 서양의 식탁에 가장 늦게 오른 것이 포크이다. 그 이유에 대해서는 기독교 정신으로 무장되었던 서구 사회에서 창조주가 빚은 손을 쓰지 않는 것을 죄악으로 여겼기 때문이라는 해석이 지배적이다. 다용도 테이블 포크, 왼쪽의 갈래가 넓은 생선 포크, 디저트 포크 등이 있다.

2) 글라스웨어

서양의 글라스웨어는 형태에 따라 크게 텀블러와 스템웨어로 나눌 수 있다.

(1) 텀블러tumbler

맥주잔, 올드 패션드 글라스old fashioned glass, 샷 글라스shot glass와 같은 원통형 잔을 텀블러라고 한다.

(2) 스템웨어stemware

스템웨어 글라스는 볼bowl, 스템stem, 베이스base로 구성되는데 물이나 아이스티, 와인 등 차가운 음료를 담을 때 사용한다.

물을 담는 글라스와 와인글라스는 구분하는 것이 좋다. 흔히 계절감을 표현하기 위해 물을 담는 글라스는 색이 들어간 것을 사용하기도 하나 와인글라스는 무색투명한 것을 권한다.

튤립 형태의 와인글라스는 크게 레드와인용, 화이트와인용, 샴페인용으로 나눈다. 레드와인용 글라스는 화이트와인용보다 대개 용량이 크고 너비가 넓은 것이 특징이다. 대부분의 화이트와인은 레드와인보다 낮은 온도에서 마시기 때문에 화이트와인용 글라스는 상온에 두었을 때 차가운 상태로 유지될 수 있도록 비교적 작은 크기로 제작된다. 샴페인 글라스는 형태에 따라 파티에서 건배용으로 주로 쓰이는 소서saucer용과 식사 시 곁들이는 상차림용의 플루트flute형이 있다. 그 밖에 음료의 종류에 따라 칵테일 잔, 브랜디 잔 등이 있다.

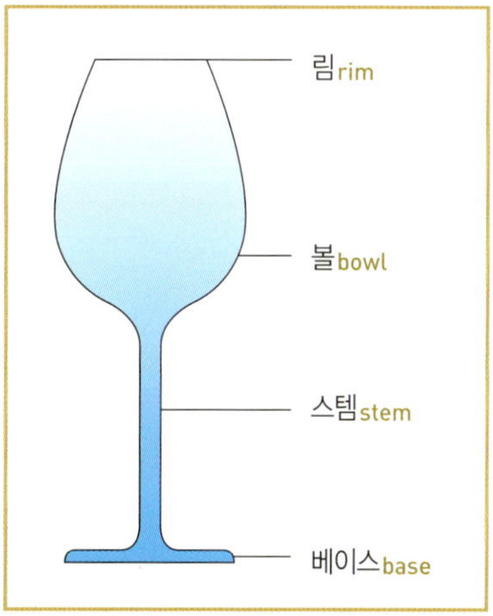

그림 3-1 | 스템웨어의 부분 명칭

그림 3-2 | 글라스의 종류

(3) 기타

디캔터decanter도 유리로 만든다. 와인을 디캔팅하는 목적은 3가지로 와인병 안에 자연적으로 생긴 침전물을 제거하는 것이 첫 번째 이유이다. 두 번째는 공기와의 접촉을 원활히 하여 맛과 향을 돋우기 위해서이다. 마지막으로 파티 등에서 예산에 맞춰 저렴한 와인을 다량 구입하여 아름다운 병에 옮겨 담고자 할 때 디캔터를 사용한다.

3) 리넨linen

테이블 세팅에 쓰이는 테이블클로스tablecloth, 언더클로스undercloth를 비롯하여 냅킨, 플레이스 매트place mat, 러너runner, 도일리doily 등 식탁 위의 천 종류 일체를 말한다. 리넨은 계절에 어울리는 색을 선택하기도 하지만 어떤 소재이든 간에 순수한 흰색은 격식을 차린 상차림에 이용되며, 색상이 진할수록 약식의 상차림에 쓰인다.

4) 센터피스centerpiece

테이블 중앙의 공유 공간public space에 배치하는 장식물의 총칭이다. 센터피스는 계절감이 느껴져야 하며, 화젯거리를 제공할 수 있으면 더욱 좋다. 식사나 대화에 방해가 되지 않도록 적당한 높이와 크기를 고려하여 선택하고 양감이 지나친 것은 가급적 사용하지 않는다. 꽃, 초와 촛대, 네임카드, 냅킨 링, 레스트rest, 소금통, 후추통 등이 있다.

3. 서양 식기의 종류

서양식 식사를 할 때 사용하는 그릇을 총칭하여 디너웨어dinnerware라고 하며, 차이나china라고 부르기도 한다. 코스 요리별 메뉴에 알맞은 그릇을 사용하여 음식을 더욱 돋보이게 하고 흥미로운 대화를 유도함으로써 식사의 만족도를 높일 수 있다. 디너웨어는 재질, 크기, 형태, 용도에 따라 다양하게 분류되며 이를 정찬의 내용과 분위기에 맞춰 선택해야 한다.

디너웨어를 뜻하기도 하는 도자기earthenware는 도기陶器와 자기磁器를 합쳐 일컫는 말이다. 서양에서는 점토로 구워 만든 용기를 도기라 하는데, 이는 서양에서 1709년 자기 제작에 성공하기 이전까지 오랜 세월 동안 일상생활에 쓰인 도자기를 모두 도기라 했기 때문이다.

주로 소의 골회骨灰를 자토나 고령토와 섞어서 구워 만든 것을 본차이나bone china라고 한다. 골회는 지방과 교질을 뺀 동물의 뼈를 태워서 얻은 잿빛 가루로, 1748년에 프라이Thomas Frye가 처음으로 골회를 사용한 자기의 특허를 따낸 것으로 알려져 있다. 그 후 19세기 초엽에 영국 제도업製陶業의 중심지인 스토크 온 트렌트

Stoke-on-Trent의 스포드Josiah Spode가 골회와 자토를 섞고 여기에 연유軟釉를 더하여 흰색의 자기를 만드는 데 성공하였으며, 이후 영국의 대표적인 자기이자 고급 식기로 현재까지 애용되고 있다. 본차이나는 경질도기硬質陶器에 비해 질감이 부드럽고 굽는 온도도 낮으며, 백토와 유리를 합성한 연질도기軟質陶器보다 제작비가 적다는 장점이 있다.

그림 3-3 | 본차이나를 이용한 그릇담기

출처 : 재외공관 오만찬 가이드북, 저자 스타일링

1) 접시plate

접시는 일반적으로 가장자리의 운두가 낮고 바닥이 편평하며 납작한 모양을 가진 그릇의 총칭이다.

접시는 형태별로 크게 테두리rim가 있는 형태와 테두리가 없는 쿠프coop 형태로 구분하며 그 용도나 목적이 매우 다양하다. 높이가 12.7mm 내외로 낮은 접시는 소스나 국물이 없는 메인 요리를 담기에 적당하고, 높이가 38mm 이상의 깊은 것은 디쉬dish라 하여 수프나 파스타처럼 소스나 국물이 있는 요리에 적합하다.

(1) 서비스 플레이트service plate

정찬용 플레이트의 위치접시로 식사의 처음부터 끝까지 세팅되며 메뉴에 따라 수프 플레이트, 디너 플레이트와 함께 세팅하는 경우가 많다. 플레이스 플레이트place plate, 세팅 플레이트setting plate, 언더 플레이트under plate라고도 부른다.

카나페, 쿠키, 샌드위치 등의 음식을 준비해 놓는 작은 플래터platter로도 사용할 수 있다. 지름은 약 28~35cm이다.

(2) 디너 플레이트dinner plate

메인 요리를 담을 때 사용하며 서비스 플레이트가 없는 경우에 위치접시 역할을 한다. 스파게티, 스테이크, 전채 요리, 샌드위치 등 다양한 메뉴에 활용되고 있다. 지름은 약 25~28cm이다.

(3) 샐러드 플레이트salad plate

샐러드를 담는 접시로 파티나 아침 식사 등 약식 식사에는 주 플레이트로도 사용하여 다목적 활용이 가능하다. 크기와 형태가 비슷한 디저트 플레이트용으로 사용하기도 한다. 지름은 약 20~21cm이다.

(4) 디저트 플레이트dessert plate

격식 있는 식사와 약식의 식사에 모두 사용하며 디저트의 특성상 화려하게 장식하는 경우가 많다. 지름은 약 18~21cm이다.

(5) 브레드 플레이트bread plate

빵이나 버터와 잼을 담는 접시이며, 레스토랑에서는 접시 대신 빵 바스켓을 사용하기도 한다. 지름은 약 15~19cm이다.

(6) 수프 플레이트soup plate

수프를 담는 접시로 깊이는 보통 38mm 이상, 지름은 약 21~25cm이다. 진한 수프를 담으며, 서비스 플레이트의 위나 앞자리에 놓는다.

(7) 샌드위치 플레이트sandwich plate

사각 형태로 손잡이가 있는 것과 없는 것이 있다. 지름은 약 25~38cm이다.

2) 볼bowl

볼은 대개 원형으로 바닥면이 깊고 배가 부른 오목한 형태가 일반적이다. 형태에 따라 원형, 사각형, 타원형, 비정형 등으로 나눈다.

(1) 시리얼 볼cereal bowl

시리얼을 담을 때 사용하며 오트밀 볼oatmeal bowl이라고도 한다. 아침 등 약식 식사에 많이 쓰이며 샐러드, 파스타, 과일, 디저트, 아이스크림 등에 다목적 사용이 가능하다. 지름은 약 14~16cm이다.

(2) 샐러드 볼salad bowl

샐러드를 담을 때 사용하며 이 접시도 시리얼, 파스타, 과일, 디저트, 아이스크림 등을 담는 용도로 활용이 가능하다. 지름은 작은 것이 약 13~21cm, 큰 것은 약 24~33cm이다.

(3) 수프 볼soup bowl

양쪽에 손잡이가 있는 형태로 수프 컵soup cup이라고도 한다. 지름은 볼형이 약 17~24cm, 컵형이 약 25~30cm이다.

(4) 부용 컵과 소서bouillon cup and saucer

맑은 수프를 담을 때는 손잡이가 있는 부용 컵과 소서를 사용하는데, 이는 손잡이를 들고 마시거나 스푼으로 떠먹을 수 있도록 고안된 것이다. 지름은 약 9.5cm이다.

그림 3-4 | 플레이트 · 볼 · 소서의 종류와 크기

3) 컵과 포트cup and pot

차가운 음료는 고블릿, 비커, 탱커드처럼 긴 원통형의 그릇에, 뜨거운 음료는 작은 볼 형태의 컵에 담는다. 도자기로 만든 컵과 포트는 다음과 같다.

(1) 컵 앤 소서cup & saucer

커피나 홍차 등의 음료를 마실 때 사용하며 한쪽에 손잡이가 달려 있다. 특히 입구의 지름이 넓고 높이가 낮은 컵은 홍차 같은 차의 색을 즐기기에 알맞다. 실린더 형태의 커피 컵coffee cup, 지름은 넓고 높이는 낮은 티 컵tea cup, 많은 양의 커피를 담을 수 있는 브랙퍼스트 컵breakfast cup, 에스프레소와 같은 진한 커피를 위해 만든 데미타스 컵demitasse cup 등이 있으며, 모든 컵에는 받침접시가 포함된다.

(2) 머그mug

머그는 다양한 음료를 마실 때 사용하는 다용도 잔이다. 컵 앤 소서에 비해 용량이 크며, 대중적으로 부담 없이 쓰인다.

(3) 티포트tea pot

서양에서 차를 우려낼 때 사용하는 주전자이다. 구형의 몸통에 물대와 손잡이가 있으며 커피포트에 비해 낮고 넓은 것이 일반적인 형태이다. 전통적인 티포트는 둥근 몸통을 가졌는데 이는 차의 점핑을 좋게 하여 맛있게 우려내기 위함이다. 최근

그림 3-5 | 서양의 티 파티에 쓰이는 컵과 포트

에는 둥근 모양뿐 아니라 직선형, 사선형 등 다양한 디자인의 변화가 일고 있다. 손잡이는 대부분 뒷손잡이 형태를 취하며 윗손잡이 형태도 있다.

(4) 커피포트 coffee pot

커피를 마실 때 사용하는 주전자로 티포트보다 좁고 긴 원통형이다. 이는 커피의 찌꺼기는 바닥에 가라앉고 커피만 위로 떠오를 수 있는 공간을 만들어 주며, 최근에는 긴 원통형에 변화를 주어 다양한 디자인이 선보이고 있다. 몸통에는 물대와 뒷손잡이가 붙어 있고 뚜껑과 한 벌을 이룬다.

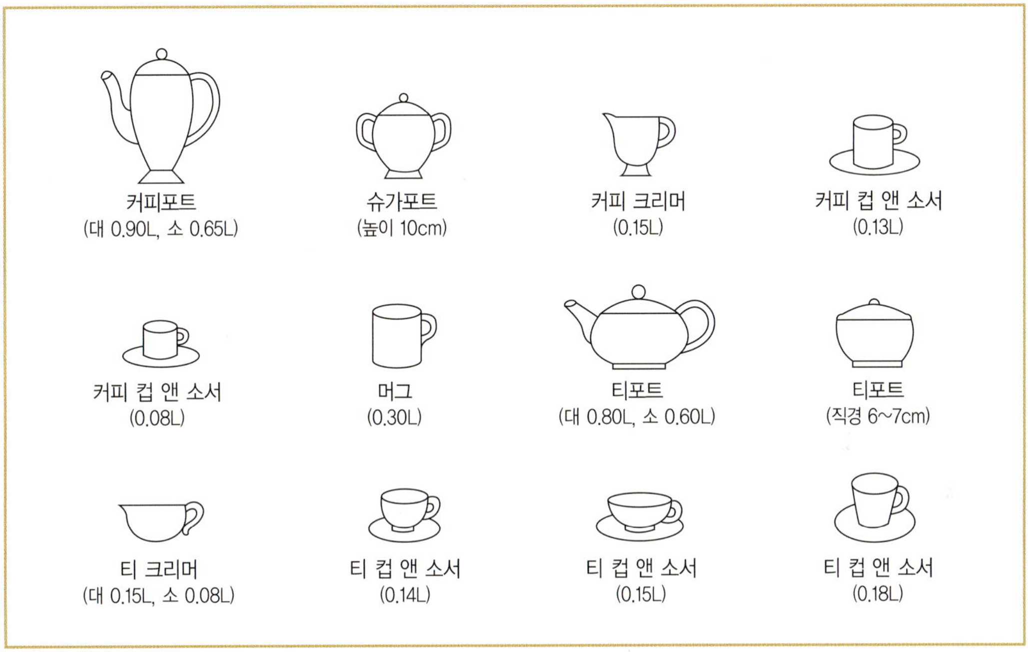

그림 3-6 | 컵과 포트의 종류와 크기

CHAPTER 04

한국의 식기

04

FOOD STYLING

1. 한국의 음식 문화
2. 한국의 상차림
3. 한국 식기의 종류

1. 한국의 음식 문화

한국 음식은 밥을 중심으로 반찬을 곁들여 먹는 것이 일반적인 형태이다. 국물이 많은 국과 건더기가 많고 간이 센 찌개가 있으며, 그 밖에 채소나 육류로 요리법을 달리한 여러 가지 반찬이 있다.

한식의 특징은 나물에서 고기 요리까지 양념을 많이 사용한다는 것이다. 이는 음식 재료 고유의 맛에 다양한 양념을 첨가하여 새로운 맛을 즐겼음을 의미한다.

음식에 쓰이는 재료의 어울림이나 조미료의 용도를 보면 약식동원藥食同源이라는 말처럼 좋은 음식은 몸에 약이 된다는 근본 사상을 담고 있는 것도 특징이라 할 수 있다. 그러나 오랫동안 끓여 진국을 만들거나 갖은 양념을 하는 전통적인 조리법은 음식의 형태가 없어지고 색깔이 탁해진다는 문제점이 있다. 공동식 개념에 나눔의 미덕과 정을 중요시하는 국민성 때문에 그릇에 넘칠 정도로 음식을 담아 여백을 그다지 고려하지 않았던 것도 특징 중 하나이다.

2. 한국의 상차림

조선 시대의 유교 사상은 한국 음식에 큰 영향을 미쳤다. 잔치나 제례 음식의 상차림은 유교의 의례를 기준으로 삼았으며, 일상의 반상 차림도 한 사람 앞에 한 상씩 독상을 차렸다.

의례적인 상차림으로는 돌상, 혼례상, 큰상, 기제사상이 있다. 일반적인 상차림은 밥, 국, 김치가 기본이 되고 먹는 사람에 따라 각기 다른 명칭으로 불렸는데, 나이가 어린 사람에게는 밥상, 어른에게는 진짓상, 임금에게는 수라상이라고 하였다. 반상은 쟁첩의 수에 따라 3첩, 5첩, 7첩, 9첩반상으로 나눠 민가에서는 9첩으로 제한하였으며, 궁중에서만 12첩반상을 차렸다. 상, 반상기, 수저, 휘건, 토구, 수저받침 등으로 상차림을 구성하였다.

1) 상차림의 역사

5~6세기경의 우리나라 각저총의 벽화를 보면, 여인들이 네모난 널빤지에 짧은 다리 4개가 붙은 밥상 앞에 앉아 식사를 하는 모습이 있다. 좌식 개인용 밥상으로 보이는 이 그림을 통해 당시의 독상 문화를 알 수 있다. 무용총에는 다리가 긴 식탁과 의자가 있어 입식 밥상의 독상 문화를 보여 준다.

우리나라는 통일신라 시대 이후 좌식 소반 문화가 자리 잡게 되는데 이는 온돌의 보급과 관련이 있다.

그림 4-1 | 고분 벽화의 상차림 모습

고려 시대에는 국의 비중이 커지면서 밥과 국이 기본 상차림으로 정착하게 된다. 이 시기에 제사 상차림에 대한 양식도 틀을 이루게 되는데, 특히 고배 음식상이 확립된 것으로 보인다. 고배 음식은 신이나 웃어른에 대한 존경의 차원에서 불교의 영향으로 발달된 것으로 추정된다.

조선 시대는 국교가 유교로 정해지면서 가부장적인 대가족 제도와 제사를 중요하게 여겼던 시기이다. 이때 제기, 주기, 반상 형식도 발달하게 되며, 현재 우리나라 상차림의 대부분은 조선 시대의 형식에 그 기본을 두고 있다.

2) 상의 특징

물건을 놓거나 얹어서 사용하기 위해 아래에 받치도록 만든 가구를 상이라 한다. 우리나라에서는 상과 반을 구분하지 않고 소반이라 통칭한다. 소반이 상의 기능과 함께 부엌에서 사랑채나 안채로 식기를 담아 옮기는 쟁반의 역할을 겸하고 있었기 때문으로 보인다.

물론 우리나라에도 쟁반의 기능을 했던 목반과 목판이 있다. 4각, 8각, 원형에 다리가 없거나 발이 짧게 달려 있는 것 등이 있어 직접 음식이나 식기를 담아 운반하기도 하고 간단한 다과를 담는 상으로도 쓰였다. 이에 반해 소반은 식기를 옮기는 쟁반이면서 방에 들어와서는 그대로 상으로 쓸 수 있도록 긴 다리가 달린 것이다.

보통 민가에서 일반적으로 쓰였던 소반의 크기는 너비가 50cm 내외, 높이는 25~30cm 내외이다. 평균 성인의 어깨너비에 해당하면서 부담 없이 들고 이동할 수 있는 수치이다. 이처럼 소반은 기본적으로 바닥에 앉아 식사하기에 적당한 높이의 다리와 식기를 받쳐 주는 상판으로 이루어져 있으며, 운반 기능이 중요시되었다는 점이 가장 큰 구조적 특징이다.

3) 소반의 종류

소반은 대개 소규모의 가내수공업으로 제작되었기 때문에 각 지방마다 전통적인 형태가 자리 잡게 되었다. 생산지에 따라 특징이 달라서 각 고장의 이름을 붙인 나주반, 기호반, 해주반, 통영반, 안주반 등이 생겨났다.

상판의 모양에 따라 4각반, 6각반, 8각반, 12각반, 원반, 연엽반, 반월반으로 구분하거나 다리 모양에 따라 호족반, 구족반, 마족반, 다리가 하나인 단각반으로 나누기도 하였다. 용도에 따라 곁상에 속하는 신선로상과 주안상 등이 있었으며 밥상 외에 다과상, 약상, 다상, 유밀과를 놓는 과반으로 분류하기도 하였다.

의식과 풍속에 따라서는 백완반이라는 돌상, 혼례식의 합환주상, 기러기상, 제례에 쓰이는 장방형의 제상, 향교나 서원에서 주로 쓰이던 원반인 김상이 있었다. 특이한 용도로 봄에 돋은 나물이나 쑥떡 등을 진상하는 춘반春盤, 머리에 이고 먼 곳까지 나르던 공고상公故床 등이 있다.

그림 4-2 | 소반을 이용한 상차림 연출

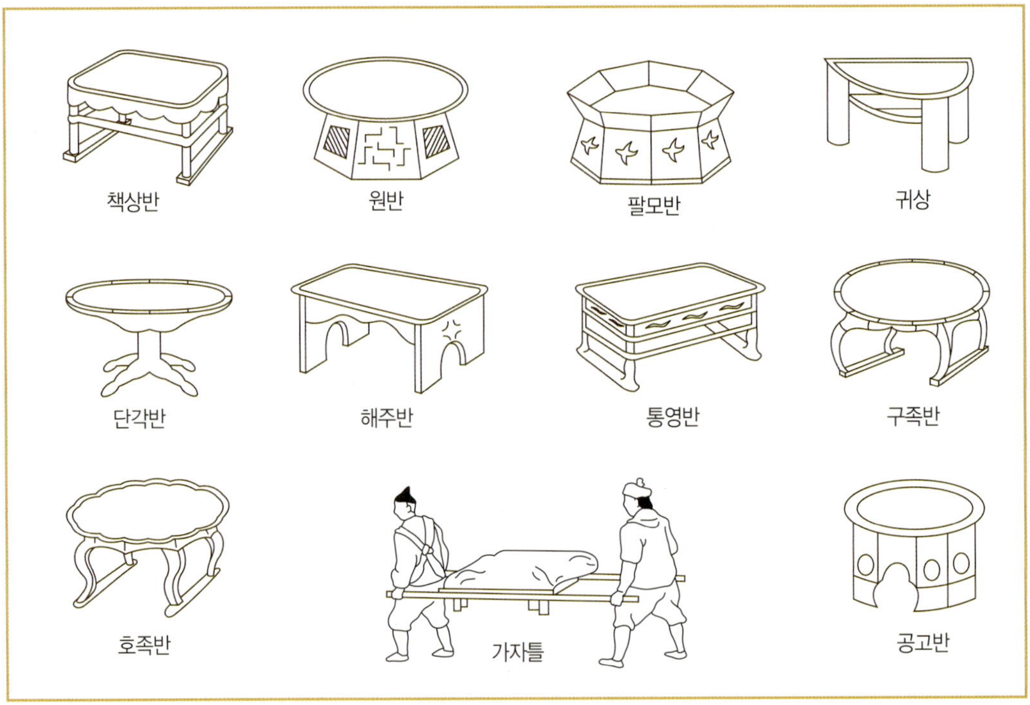

그림 4-3 | 우리나라 상의 종류

4) 수저

경주 안압지에서 출토된 청동제 식도와 철제 식도를 보면, 식도는 조리용뿐 아니라 아마도 서양의 식탁에서 쓰이는 나이프와 같은 구실을 했던 것으로 추측된다.

숟가락과 젓가락의 사용은 삼국 시대로 거슬러 올라가는데 당시에는 중국의 숟가락, 젓가락과 매우 유사했으며 통일신라 시대에 접어들면서 비로소 독자적인 형태로 변하기 시작하였다.

수저는 숟가락과 젓가락을 합하여 한자로 시저匙箸라 하던 것이 변한 말이며 은, 백동, 놋쇠 등으로 만든다. 조선 시대에 이르러 타원형으로 우묵하게 들어가고 갸름한 손잡이가 달려 이를 잎사시라고 하였다. 젓가락은 같은 재질로 가늘고 긴 막대기 두 개가 한 조를 이루며 단면을 둥글거나 납작하게 만든다. 막수저는 놋쇠로 만들어 서민이 사용하거나 조리용으로 쓰였다.

전통적으로 고대부터 현재까지 주된 음식 운반 도구로 숟가락을 써온 나라는 우리가 유일하다고 할 수 있다. 이렇게 오래도록 꾸준히 숟가락으로 음식을 먹었던 이유는 바로 한식이 숟가락 없이는 먹을 수 없는 수분이 많은 음식들로 구성되었기 때문이다.

5) 기타 도구

휘건揮巾은 궁중에서 음식을 먹을 때 무릎 위에 펼쳐 놓았던 수건으로 서양의 냅킨에 해당된다. 조선 후기에 궁중의 식생활 풍습이 점차 확대되면서 일부 반가에서도 휘건을 사용했던 것으로 추정된다. 크기는 정해져 있지 않았으며, 명주나 목면 또는 갑사로 만들었다.

토구吐具는 식사 중에 나오는 가시나 껍질 등을 모아서 처리할 수 있도록 상 아래의 한쪽에 두었던 작은 그릇을 말한다.

3. 한국 식기의 종류

1) 한국의 도자기

도기는 흔히 찰흙이라 부르는 도토陶土로 만들어진다. 이 흙은 너무 고온에서 구우면 주저앉기 때문에 유약을 발랐을 경우 1,000~1,200℃ 사이에서, 유약을 바르지 않으면 800~1,000℃ 사이에서 굽는다. 원래 도陶는 구릉을 파고 들어가 질흙을 구웠다는 말이다. 기와를 의미하는 와瓦는 원래 질흙이라는 뜻을 가지고 있다. 다시 말해 도기는 곧 질그릇이다. 자기는 자토磁土 또는 점성이 있는 순도 높은 백토白土로 1,300℃의 고열에서 굽는데 이를 두드리면 맑은 소리가 난다. 굽는 과정에서 질흙과 유약이 서로 밀착되어 조직이 치밀하고 유약에 균열이 없어야 한다.

(1) 옹기甕器, pottery

옹기란 질그릇을 말한다. 질그릇은 제작 시 불을 때는 방식도 다르며, 성형하여 건조한 뒤 초벌구이 없이 약물을 발라 마무리하기 때문에 자기화되지 않는다. 우리

그림 4-4 | 옹기를 이용한 그릇담기

의 질그릇을 살펴보면 단순한 형태에 색깔은 옹기토의 바탕색에서 우러나오는 고요함으로 평범하고 소박한 아름다움을 담고 있다. 옹기토의 입자가 크고 다공질로 되어 있어 식기 표면에 보이지 않는 작은 구멍이 형성된다. 숨 쉬는 그릇으로 음식이 쉽게 변질되지 않으며 보온성이 높아 잘 식지 않는다.

(2) 청자青瓷, celadon

3세기경 중국에서 만들어진 청자는 옥과 관계가 깊다. 옥은 군자와 부귀의 상징이며, 사후의 내세를 보장해 준다는 신앙적인 의미도 갖고 있다. 청자는 옥을 만들고자 했던 염원에서 비롯된 그릇이다.

고려 시대의 청자는 중국 도자기의 영향을 받아 9세기 말에서 10세기 초 무렵 처음으로 제작되어 11세기로 넘어오면서 독특한 푸른빛인 비취색을 띠기 시작하였다. 투명하고 푸른 청자의 비취색은 유약에 함유된 미량의 산화 제2철이 굽는 과정에서 환원소성(공기를 차단한 상태로 가마에 불을 때는 방법)에 의해 산화 제1철이 되면서 나타나는 빛깔이다. 청자 제품은 일부 귀족층에서만 쓸 수 있을 정도로 귀했으며 한정된 수량만큼만 생산되었다.

비취색은 체리색이나 월넛색의 테이블과도 잘 어울려 기품 있는 이미지를 연출할 수 있다.

그림 4-5 | 청자를 이용한 그릇담기

(3) 철유자기鐵釉磁器, black pottery

고려 시대에는 질그릇의 전통 위에 청자가 발달하고 부분적으로 백자가 태동을 보이기 시작한다. 생활자기로 백자, 흑자 등 여러 종류의 그릇이 만들어지는데 그 중 하나가 흑자라 불리는 철유자기이다. 점토와 사토, 산화철 등을 물과 혼합하여 성형과 조각을 한 후 1,230℃ 전후에서 구운 것으로, 표면이 흑갈색이나 암갈색을 띠는 것은 철분 함량이 많은 유약 때문이다. 인, 화, 토 그리고 수의 조화로 철유의 색이 발색되어 신비로운 느낌을 주기도 한다.

전통자기 중 가장 모던한 느낌을 주기 때문에 양식기로 사용해도 손색이 없다.

그림 4-6 | 철유자기를 이용한 그릇담기

(4) 분장도기粉粧陶器, pottery와 분청사기粉靑沙器, grayish-blue-powdered celadon

옹기를 만드는 데 쓰이는 도토로 모양을 빚은 후 백토로 분장을 한 뒤 다시 그림을 그려 만든 그릇을 분장도기라고 한다.

조선 전기를 대표하는 분청사기는 1940년대 미술사학자이자 미학자였던 고유섭 선생이 '분장회청사기粉粧灰靑沙器'라 이름을 붙인 데서 유래하였다. 분청사기는 고

그림 4-7 | 분장도기

그림 4-8 | 분장도기를 이용한 그릇담기

그림 4-9 | 분청사기를 이용한 그릇담기

출처 : 재외공관 오만찬 가이드북(좌), 2009 안면도국제꽃박람회(우), 저자 스타일링

려 상감청자의 뒤를 이어 15세기 중엽에 전성기를 누렸으며, 소박하고 자연에 가까운 색상으로 많은 사랑을 받았다.

분청사기는 회색과 회흑색의 태토 위에 백토로 분장하고 이렇게 분장한 백토를 긁어내거나 그 위에 철분으로 그림을 그려 만든다. 장식 기법으로는 청자에 이어 계속 상용되었던 상감 기법과 백토를 바른 후 문양의 여백을 긁어내 태토의 바탕색이 드러나게 하는 박지 기법, 백토 위에 산화철로 그림을 그리는 철화 기법, 귀얄(풀이나 옻을 칠할 때 쓰는 솔의 하나로 주로 돼지털이나 말총을 넓적하게 묶어 만듦)이라는 붓으로 백토를 바르는 귀얄 기법, 백토에 덤벙 담갔다가 꺼내는 덤벙 기법 등이 있다. 전체적으로 분청사기는 손맛과 소탈함이 느껴지며, 추상적인 문양이 특징이다.

분청사기는 한식처럼 다양한 색의 음식을 한 상에 차려야 하는 상차림에 무난하게 잘 어울려 동양적인 분위기뿐만 아니라 내추럴한 느낌의 연출에도 효과적이다.

(5) 백자白磁, white porcelain

조선 시대에 꽃을 피운 백자는 16세기 이후에 도자기의 주류를 이루며 고려청자와는 또 다른 강인하면서도 순박한 미의식을 보여 준다.

백자는 크게 순백자, 청화백자, 철화백자, 진사백자 등으로 나뉜다. 백색 이외의

그림 4-10 | 백자

그림 4-11 | 백자를 이용한 그릇담기

출처 : 재외공관 오만찬 가이드북, 저자 스타일링

그림 4-12 | 청화백자를 이용한 그릇담기

출처 : 한국인이 가장 사랑하는 음식 韓食, 전주 음식 50선, 저자 스타일링

색으로 그린 장식 문양이 없는 것이 순백자이며, 나머지는 문양에 쓰인 안료의 색에 따라 청화, 철화, 진사로 구분한다. 조선의 세조 또는 문종 때쯤 처음 생산된 것으로 추정되는 청화백자는 초벌구이 후 코발트로 문양을 그려 넣고 유약을 발라 구운 것으로, 당시 코발트는 페르시아 지방에서 아리비아 상인을 통해 중국을 거쳐 들어왔기 때문에 회청 또는 회회청이라 불렸는데 귀한 만큼 사용이 제한되었다.

심플한 선의 백자는 모던한 분위기의 연출에 많이 쓰이며, 시원한 느낌의 여름철 상차림에도 잘 어울린다.

2) 기타 재질의 식기

(1) 유기

유기란 놋쇠로 만든 놋그릇으로 구리에 석錫 또는 기타 비철금속을 합금하여 제작된 제품 일체를 말하며 방짜方字유기, 주물유기, 반방짜유기로 나눈다.

놋쇠는 구리에 주석, 아연, 니켈을 섞은 합금으로서 청동도 놋쇠의 일종으로 볼 수 있다. 고려 시대에는 생활용기를 이 놋쇠로 만들어 식기로 사용했을 것으로 추정된다. 문헌에 따르면 우리나라의 유기 제작기술은 당나라에서 유입되었으며, 그 영향을 받은 신라에서는 8세기경에 철유전鐵鍮典이라는 유기 전담 기관이 상설되었다는 기록이 남아 있다. 또 고려 시대에는 놋쇠가 평민층까지 확산되어 각종 생활용기와 농악기나 불구佛具가 놋쇠로 제작되었다. 조선 시대에는 초기부터 국가에서 동을 채굴하여 유기 생산을 장려하였으며 중기 이후에는 장터마다 놋점 또는 놋전이라 불리는 놋그릇을 파는 유장鍮匠과 유기점이 따로 있어 각종 식기류와 풍물류의 놋그릇을 판매하였다.

한국 전쟁 전까지는 개성과 안성을 비롯하여 김천 · 남원 · 운봉 · 전주 · 홍성 · 박천 · 평양 · 사리원 · 정주 · 서울 등지에서 놋그릇을 많이 만들었으나 그

그림 4-13 | 유기를 이용한 그릇담기

이후에 연탄이 사용되면서 연탄가스에 변질되기 쉬운 놋쇠의 성질 때문에 차츰 없어지기 시작하였다. 방짜그릇은 유해 성분이 있는 식품을 담으면 부식되기 때문에 그에 대한 검출 기능이 있으며, 항균 작용과 더불어 미네랄 성분을 방출하여 생명력을 불어넣는다고 알려져 최근에는 다시 건강한 이미지 또는 향토 음식과 전통 음식을 표현하는 데 많이 사용되고 있다.

놋으로 만든 식기류에는 숟가락과 젓가락 외에 7첩반상기, 9첩반상기, 혼사용 유기, 제사용 놋그릇 등이 있었다. 둥글고 바닥이 편평한 반병두리는 뚜껑이 없으며 운두가 높지 않은 놋그릇으로 국수장국이나 떡국, 비빔밥 등을 담을 때 쓰였다. 양푼을 작게 만든 것과 비슷하나 양푼은 주둥이 쪽이 안으로 오므라져 있다면 반병두리는 약간 밖으로 벌어져 있다는 점이 다르다. 놋그릇은 시간이 흐르면 녹청이 생기므로 깨끗하게 닦아 관리해야 한다.

(2) 목기

나무로 만든 식기이다. 기록에 따르면 신라 시대에 식기로 '유배'를 사용하였으며, 구리그릇이나 질그릇도 있었다고 한다. 유배는 버드나무 가지로 엮거나 대나무

그림 4-14 | 목기를 이용한 그릇담기

출처 : 한식 조리와 한식 상차림 연출, 저자 스타일링

로 만든 작은 상자로, 도시락이나 잔의 대용으로도 사용되었다. 반찬을 담아 간수하거나 운반할 수 있도록 오동나무로 만든 찬합도 있었다.

목기는 뚜껑이 있는 그릇인 합과 대접, 바가지, 각종 제기는 물론 함지박 등으로 다양하게 쓰였다. 함지박은 통나무의 속을 파서 만든 그릇으로 식품류를 담고 떡가루를 버무리거나 반죽할 때 또는 김장소나 깍두기를 버무리는 등의 조리 작업을 할 때 사용하였다.

3) 반상기飯床器의 특징

밥을 비롯하여 국이나 반찬 등 음식을 담는 그릇을 식기라 한다. 우리나라의 전통적인 식기는 반상기가 기본이다. 조선 후기의 생활과학서인 『임원경제지林園經濟志』에는 "우리나라 풍속에는 아침저녁으로 밥과 찬을 먹을 때 사용하는 그릇을 반상기라 한다."라고 기록되어 있다. 격식을 갖춰 밥상을 차릴 때는 한 사람씩 외상차림을 한다. 상에 올라가는 한 벌로 된 그릇을 반상기라 하는데 밥주발, 탕기, 조칫보, 종자, 쟁첩, 대접으로 이루어져 있으며 나무, 유기, 은기, 사기 등의 재질에

그림 4-15 | 한국의 반상기

모두 뚜껑이 있다. 옛날 가정에서는 여름에 백자, 겨울에는 유기를 즐겨 썼다. 일반적으로는 운두가 넓고 평평한 연잎 모양의 연엽반상기蓮葉飯床器가 많으며 윗부분이 안으로 좁아지는 옥바리 또는 합盒의 형태도 있다.

우리나라의 그릇은 쓰러지지 않도록 밑이 넓어야 하며 모양이 두터우면서 크고 무거운 반면, 일본의 그릇은 손에 들고 먹어야 하므로 가볍고 작으며 두께와 밑바닥도 손에 쥐거나 받치기 편하도록 얇게 만든다. 꾸밈새를 중요시하여 색채와 문양이 화려한 편이다. 한식에 적합한 우리 식기의 특징은 다음과 같다.

- 밥그릇에는 보온을 위해 덮을 수 있는 뚜껑이 포함된다.
- 국그릇은 숟가락을 사용하면서 걸쳐 놓을 수 있을 정도로 밥그릇에 비해 낮으며 운두가 넓은 형태이다.
- 찬기는 형태가 따로 있지 않으며 밥그릇과 국그릇을 축소하거나 확대한 모양이다. 그러나 현재는 활용도가 높은 찬기, 접시, 밥그릇 등이 다양하게 등장하였으며, 대부분 뚜껑은 사용하지 않는 추세이다.

4) 반상기의 종류

반상기란 반상에 쓰이는 한 벌의 용기들로 같은 모양과 무늬를 이루고 있다. 어른의 진지상은 반상飯床이라 하여 반찬의 조리법과 식자재가 겹치지 않도록 3~9첩까지 규칙을 규범화하였다. 첩이란 뚜껑이 있는 반찬그릇을 말하는 것으로 국과 김치를 제외한 반찬그릇의 수를 세어 첩수를 정하였다.

반상은 대개 장방형의 사각반에 차렸는데, 같은 상에 올리는 그릇의 재질은 모두 통일하였다. 여름에는 백자나 청자 반상기, 겨울에는 유기나 은기를 주로 사용하였다.

(1) 발류鉢類

밥을 담는 그릇을 주발이라 하고, 국을 담는 그릇은 탕기 또는 갱기라 하며, 찌개를 담는 그릇은 조칫보라 한다. 모두 모양이 같고 크기만 대, 중, 소인 셈인데 가장 큰 것에 밥, 중간 크기에 국, 작은 것에 찌개를 담았다.

주발은 아래가 좁고 위는 약간 벌어졌으며 뚜껑이 있는 형태이다. 여성의 밥그릇인 바리는 유기로 된 그릇으로 주발보다 밑이 좁고 배가 부르며 위쪽이 좁아지고 뚜껑에 꼭지가 있다.

국을 담는 탕기는 주발과 똑같은 모양에 테두리만 한 둘레 작아서 주발 안에 들어가는 크기이다. 지금은 국을 주로 대접에 먹지만 원래는 탕기에 담았다.

조칫보는 찌개나 찜을 담는 그릇으로 원래는 주발과 같은 모양에 탕기보다 한 치수 작으며, 뚝배기를 같은 용도로 사용하기도 한다.

'사토로 만든 발' 이라는 뜻인 사발沙鉢은 자기로 된 발이다. 사발은 조선 시대에 많이 사용된 식기로 오늘날의 대접을 말한다.

(2) 쟁첩

쟁첩은 전, 구이, 나물, 장아찌 등 대부분의 찬을 담는데, 크기가 작고 납작하며 뚜껑이 있는 형태이다.

(3) 보시기와 공기

보시기는 김치를 담는 그릇으로 쟁첩보다 약간 크고 조칫보보다 높이가 낮다. 보아甫兒라고도 부르는데, 반상기에 사용되는 보시기는 운두가 낮으며 지름은 20cm를 넘지 않고 뚜껑이 있다.

공기는 아무것도 담지 않은 채로 밥상 위에 올려놓고 필요에 따라 사용하는 그릇으로 보시기류에 속한다. 예전에는 공기보다 큰 주발이 밥을 담는 용도로 사용되었으나 식생활의 변화로 주식인 곡류 소비가 급격하게 줄면서 공기가 대중화되고 있다.

(4) 종지

간장이나 초장 등을 담는 그릇이다. 3첩부터 5첩에서는 간장과 초간장을, 7첩에서는 초고추장을 더 담아낸다. 반드시 뚜껑과 함께 제작되었다.

(5) 합盒

합은 아래가 평평하고 운두가 그리 높지 않으며 둥글넓적하게 생겨 크기가 여러 가지일 때 차례로 겹쳐 놓을 수 있다. 주로 찜 등을 담는 데 쓰였다.

예전에는 속이 깊고 입구에서 바닥까지가 직선인 형태가 일반적이었다. 격식을 차린 반상 차림에서는 대접 외에 뚜껑이 있는 것이 원칙이었다. 현대에는 주택 구조의 변화로 주방이 외부에서 집 안으로 들어오고 조리 후 식사까지의 시간이 짧아지면서 음식이 식을 염려가 없어 뚜껑을 갖춘 식기가 많이 줄어들었다.

(6) 대접

사발보다 큰 형태의 대접은 숭늉이나 면 또는 국수 등 국물 요리를 담는 그릇으로 지름이 넓고 운두가 낮은 형태이다. 요즘은 대개 국그릇이라고 부른다. 대접은 일반적으로 공기와 한 벌을 이루어 디자인되며, 공기보다는 운두가 낮고 입구의 지름이 넓으며 굽지름은 입지름보다 좁다.

면기는 면류나 떡국, 만둣국, 비빔밥 등을 담는 그릇이다. 공기나 대접에 비해 크기가 다양하고 형태는 대접과 비슷하나 폭과 깊이가 더 크고 깊다.

(7) 접시류

접시는 쟁첩의 형태이나 뚜껑 없이 바라지게 벌어진 그릇을 말한다. 운두가 낮고 납작한 그릇으로 음식을 담거나 덜어 먹는 데 사용한다.

① 오목접시

오목접시는 쟁첩 또는 반찬그릇으로도 불리며 부식을 담는 대표적인 식기이다. 운두가 낮고 넓은 오목한 그릇으로서 형태별로 크게 원형과 각형이 있다. 원형 오목접시는 전통적인 형태로 친근한 느낌을 주며, 현대에는 각형 등 다양하게 변형된 모양도 많아졌다.

② 납작접시와 긴 접시

납작접시는 운두가 매우 낮아 내저면과 외벽의 높이 차가 거의 없는 평평한 그릇으로 크기와 모양이 다양하며 주로 과일이나 후식을 담는다. 서양에서는 주 식기로 사용되며 우리나라도 식생활이 서구의 영향을 받으면서 자체적으로 개발하여 생산하고 있다. 긴 접시는 주로 생선을 담는 데 쓰이며 높이가 20mm 내외로 운두가 낮고 평평하다. 긴 직사각형이나 타원형이 일반적인 형태이다.

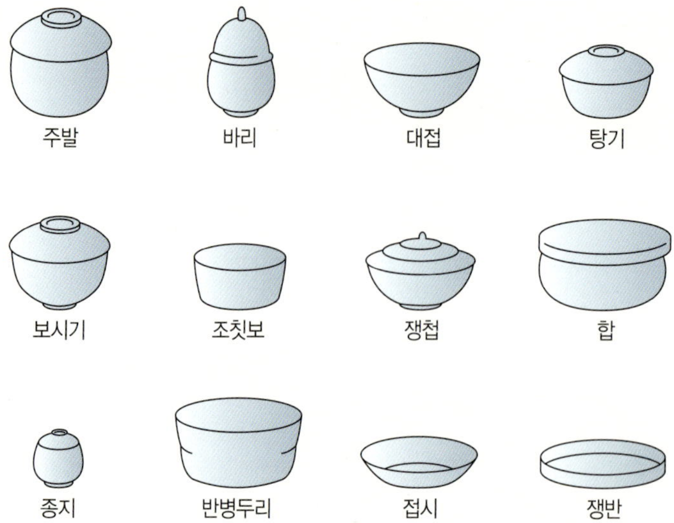

- 주발 : 남자용 밥그릇
- 바리 : 여자용 밥그릇
- 대접 : 숭늉그릇 · 국수그릇
- 탕기 : 국그릇
- 보시기 : 김치그릇
- 조칫보 : 찌개그릇
- 쟁첩 : 뚜껑이 있는 반찬그릇
- 종지 : 간장 · 초장 · 초고추장 등 장류 그릇
- 작은 합 : 밥그릇
- 큰 합 : 떡그릇 · 약식그릇 · 찜그릇

그림 4-16 | **전통그릇의 종류와 용도**

(8) 잔과 주전자

① 잔殘

고려 시대의 잔들은 형태가 매우 다양하여 조형성이 높은 기술로 고품격의 주전자류와 함께 생산되었다. 이 시기에는 병과류와 차가 발달하여 아름다운 청자의 다구茶具와 함께 다과 상차림의 규범이 성립되었던 것으로 보고 있다. 그러나 현재로서는 술잔과 찻잔용의 구분이 불명확하며, 대체로 소박한 형태가 찻잔용이었을 것이라 추정하고 있다.

찻잔은 차를 따라 마시는 잔으로 다기 세트에 함께 구성되며 다관의 크기에 따라 찻잔의 크기도 달라진다. 물잔은 물을 따라 마시는 용도로 사용되며 손잡이가 없는 것이 기본이다.

② 다관茶罐

다관은 끓인 물과 찻잎을 함께 넣고 우려내는 찻주전자를 말하며 몸통, 물대, 손잡이, 뚜껑으로 구성된다. 다관은 보통 두 사람 이상이 마실 수 있는 크기로 사람 수와 차의 양 등 상황에 따라 크기를 선택한다. 최근에는 1인용 다기도 많이 개발

되어 있다.

손잡이는 몸통에 붙는 위치에 따라 옆손잡이, 뒷손잡이, 윗손잡이가 있다. 소형 다관은 1~2인이 사용하도록 만들어졌으며 손잡이가 없는 것이 특징이다. 근래에는 차가 일상화되는 추세여서 간편하게 차를 우려 마시거나 휴대하기 편리한 1인용 다기와 작은 다관의 수요가 증가하고 있다. 중형 다관은 3~5인용, 대형 다관은 주로 5인용으로 사용된다.

그림 4-17 | 다관

③ 병瓶

병은 주로 술을 담는 데 사용되었으며, 음청류의 발달로 다양한 기형이 제작되었다.

CHAPTER 05

일본과 중국의 식기

05

FOOD STYLING

1. 일본의 음식 문화
2. 일본의 상차림
3. 일본 식기의 종류
4. 중국의 음식 문화
5. 중국의 상차림
6. 중국 식기의 종류

1. 일본의 음식 문화

일본 음식은 보는 요리로서 눈을 즐겁게 하기 위해서는 상차림 시 모양이 흐트러지지 않도록 젓가락으로 집어서 식기에 옮기는 것이 좋다. 젓가락으로 집기 위해서는 요리의 상태가 단단해야 하며 이와 함께 아름다움을 연출하는 것이 일본 요리이다. 이러한 형태가 잘 정리되어야 담는 그릇과도 조화를 이룰 수 있다.

일본에서는 그릇을 손에 들고 젓가락으로 먹는 것이 식사 예절이다. 그릇을 들고 식사하는 것을 금기시하는 나라도 많으나 일본은 반대의 경우라 하겠다.

한국과 중국의 젓가락은 용도에 따른 구분이 세세하지 않다. 단순히 음식을 집는 도구이다. 그러나 일본에서는 요리용 젓가락, 담는 젓가락, 덜어 먹는 젓가락, 과자용 젓가락, 축하용 젓가락으로 용도를 구분하여 사용한다.

2. 일본의 상차림

일본의 전형적인 식사는 밥과 국, 생선, 그리고 야채 반찬과 절임류 등으로 구성된다.

가정에서와 마찬가지로 일본의 연회 요리는 처음부터 식은 요리가 차려진다. 유일하게 따뜻한 것은 국뿐이다. 가마쿠라 시대에는 귀족들의 연회에서 30종이 넘는 요리를 바둑판무늬처럼 빼곡하게 나열하였는데 이는 한국의 영향에 의한 것으로 보인다. 처음부터 상이나 식탁에 늘어놓는 것을 평면배열법이라고 하는데 이러한 상차림새가 바뀐 것은 헤이안 시대의 센노 리큐千利休에 의해 실용적인 가이세키 요리會席料理가 선보이면서부터이다. 국은 한 가지, 반찬은 2~3가지, 술은 가벼운 것이 좋다고 하였으며 바로 만든 요리를 한 가지씩 옮기는 방식으로 유럽도 이러한 상차림을 하는데 이를 시간배열법이라고 한다.

그림 5-1 | 일본의 상차림

3. 일본 식기의 종류

일본의 식기는 그 형태와 색이 매우 다양하다. 주로 요리의 소재와 마찬가지로 사계절에 맞추는데 옻나무의 칠漆을 써서 가공·도장한 것으로 열에 강하고 방부성과 방습성이 뛰어난 칠기를 주로 이용한다. 그릇을 들고 먹으려면 열전도율이 낮고 가벼운 재질이어야 하기 때문이다. 일본은 청동기와 도자기 그릇의 제작기술이 뒤늦게 전해졌기 때문에 처음부터 주변에서 구하기 쉬운 나무로 식기를 만들었다. 중국의 경우 당나라 초기 이전까지는 식탁이 없이 낮은 상에 청동으로 만든 식기를 사용하여 음식을 먹었다. 나무로 만든 그릇을 손에 들고 먹기 시작한 것은 칠기가 등장한 후한에 이르러서였다. 우리나라는 식기를 상에 올려놓고 먹는 문화로 재질의 열전도율이나 무게에 구애되지 않았기 때문에 유기나 도자기 등의 무거운 식기가 발달하게 되었다.

일본은 칠기와 도자기를 중심으로 재질과 형태(둥근 것과 각진 것)를 조합하여 요리를 담는다. 일본에서는 "기물은 그 요리의 내용에 따라 선택해야 하며, 정리되지 않은 속에서도 오히려 풍운이 있다."라고 에도시대부터 전해지고 있다. 이는 서양, 중국, 한국의 맞춤 미학에 대한 일본의 불완전 미학이라고 볼 수 있겠다.

1) 도자기

사계절을 사용하는 도자 식기가 많으며 조리법과 요리에 따라 재질, 크기, 형태가 다르다. 토기clayware, 석기stoneware, 도기earthenware 등을 사용한다.

2) 칠기

일본의 대표적인 공예품인 칠기는 일본 식탁의 역사라고 해도 과언이 아니다. 일본 칠기의 역사는 식탁의 역사이기도 하며, 시대의 흐름과 함께 변화하고 있으며, 현대에도 그 전통을 이어가고 있다.

칠기는 옻나무의 수액을 써서 가공 · 도장한 제품이다. 칠기는 동양의 특산물로서 칠공예는 한국, 중국, 일본, 베트남, 타이, 미얀마 등지에서 발달하였다. 칠액은 수피樹皮와 재부材部 사이에서 스며 나오는 적갈색의 점조액粘稠液으로 온도 25~30℃, 습도 75~85%의 적온적습에 의해 고무질 중의 래커가 작용하여 굳어지도록 하는 것이다. 일단 굳은 칠은 산이나 알칼리 등의 약품에 침해되지 않으며 열이나 전기 등의 절연성, 접착성, 방부성, 방습성도 강하다. 옻칠은 옛날부터 이용되어 식기, 가구, 집기류, 건축, 불상, 불구, 제기祭器나 미술 공예품에 활용되었으며, 신분에 따라 그 색이 달랐다.

(1) 찬합

칠기 표면에 금 등을 이용하여 무늬를 넣은 정월용 5단 찬합에서부터 다양한 크기의 도시락 통 등으로 널리 쓰인다.

(2) 개인 매트

원형과 사각, 타원쟁반은 물론 형태가 변형된 매트까지 일본의 상차림에는 다양한 모양의 개인 매트로 칠기를 이용한다. 이러한 매트의 사용은 각기 다른 재질과 크기의 일본 식기들을 식탁 위에서 정돈해 주는 역할을 한다. 물론 식탁위에서 사용하는 개인 매트 외에도 각종 요리를 나르는 쟁반 고유의 역할을 담당하는 칠기제품도 많이 쓰인다.

(3) 완ワン

큼직한 공기에 해당하는 완은 떡국이나 조림, 완모리용으로 칠기제품을 이용한다. 조금 작은 공기는 국과 맑은 장국, 그리고 크기가 더 작은 것은 하시아라이, 단맛이 나는 후식에 사용하며, 변형된 것으로 표면적이 약간 넓으며 깊이가 얕은 뚜껑이 있어 손에 쥐기 적당한 느낌의 공기는 조림과 국, 면, 밥 종류 등을 담는다.

그 밖에 다양한 크기의 식기는 물론 술잔, 젓가락 등에도 칠기를 이용한다.

3) 목기

일본에서는 목기도 널리 쓰인다. 카이세키 요리懷石料理에 사용되는 무늬목으로 만든 뜻이라는 왓파라고 부르는 노송나무나 삼목 등의 얇은 판자를 구부려 만든 그릇인 마게모노, 밥통, 물이나 술을 넣는 통 등이 있다.

4) 유리그릇

일본의 유리그릇은 아즈치모모야마安土桃山시대에 기술이 전해졌다고 하며, 일반인이 사용한 것은 에도江戸시대부터라고 한다. 포르투갈과 네덜란드인의 자극을 받아 나가사키 글라스라고 불린 것이 최초로 보인다.

여름용 식기로 청량감을 연출하기도 하고, 뚜껑이 달린 유리로 된 맑은 국그릇을 차갑게 하여 담아내면 실용성은 물론 식탁 위의 즐거움을 선사할 수 있다. 이 밖에도 접시, 작은 그릇, 혼젠 요리나 가이세키 요리에서 밥상의 맞은편에 내는 음식을

담는 그릇인 무코즈케むこつけ, 젓가락받침 등 다양한 글라스웨어 제품들을 생산하고 있다.

5) 죽세공그릇

일본에서는 대나무 발을 깔고 얼음을 담아 곁들여 내기도 하고, 바구니나 소쿠리는 물론 젓가락과 스푼, 국자, 젓가락받침 등 다양한 소품을 생산하기도 한다. 대나무 껍질 자체를 생선구이 접시로 사용하기도 한다.

그림 5-2 | 일본의 찬합과 칠기를 이용한 테이블 연출과 그릇담기

출처 : 저자 스타일링

한국과 일본 식기의 차이

- 한국은 일본에 비해 문양이 없는 흰색 식기에 대한 선호도가 높다. 문양이 있더라도 바탕색이 흰색이고 파란색, 갈색, 회색은 드물다. 일본은 파란색, 갈색, 검은색, 회색, 빨간색, 분홍색 등 강렬한 색을 많이 사용한다. 화려하고 다채로운 배색이 주를 이루는 일본의 식기에 비해 우리의 식기는 깨끗하고 정갈한 색채의 특징을 갖고 있다.
- 한국 식기는 대부분이 원형, 각형, 타원형으로 단순하다. 주 식기의 크기는 일본에 비해 크고 접시도 넓은 것이 많다. 그에 비해 일본은 음식의 종류가 다양한 만큼 식기도 원형, 각형, 초소형 등 여러 가지가 있다.
- 한국 식기의 문양은 꽃과 같은 자연물이 대부분이며 식기의 중앙이나 전체에 표시하지 않고 그 주변에 선을 느낄 수 있는 간결한 방법을 택하여 상징적으로 표현하는 반면, 일본 식기는 문양과 색채가 화려하고 사계절의 의미를 담아내는 경우가 많다.

6) 형태별 종류

일본의 식기는 튀김, 무침, 구이, 회, 조림 등 요리에 따라 그 형태가 각기 다르며, 다음과 같은 종류가 있다 그림 5-3.

그림 5-3 | 일본 식기의 종류

4. 중국의 음식 문화

중국 음식 문화의 일반적인 특징은 첫째, 다양한 재료의 선택을 들 수 있다. 국토가 넓어 보관과 운송이 편리한 건조품이 발달하기도 했지만, 재료 본연의 성질과 맛, 색, 형태를 고려하여 조리한다. 두 번째 특징은 색과 향을 중시 여긴다는 점이다. 중국요리에 쓰이는 조미료와 향신료는 요리 특유의 맛을 더하며 잡내를 제거하고 맛을 풍부하게 만드는 역할을 한다. 셋째, 중국요리는 조리 기구가 간단하고 사용이 편리하다. 넷째, 다양한 재료를 다루는 것만큼이나 조리법도 다양하다는 점이다. 마지막으로 중국요리의 일반적인 특징은 음식의 균형과 조화를 강조하며 의식동원醫食同源의 개념을 중시한다는 점이다. 그 결과 약선요리가 발달하였다.

중국요리는 크게 4개의 지역별로 구분할 수 있다. 북경을 중심으로 한 북부 지역은 춥고 건조하며 평평한 지역이다. 황제가 살던 궁전이 위치했던 곳으로 세련되고 창의적인 요리가 발달했으며 맵고 달고 톡 쏘는 맛이 특징이다.

광둥 지방을 중심으로 한 남부 지역은 언덕과 낮은 산이 많고, 강과 호수가 많이 펼쳐져 있다. 이 지역의 요리 스타일은 다양한 양념을 사용하는 것이 특징이다.

상하이를 중심으로 한 해안 지역은 덥고, 습기 높은 여름과 짧고 온화한 겨울 날씨로 전반적으로 온화한 날씨이다. 농업과 수산업이 고루 발달한 덕분에 재료 본연의 자연적인 맛을 선호한다.

서부와 내륙을 중심으로 한 사천 지역은 대부분 산이 많은 땅이나 끝없는 사막으로 이루어져 있다. 양념이 풍부하고 신맛에 뜨겁고 기름진 요리가 특징인데, 이는 이웃인 인도와 파키스탄의 영향을 많이 받은 것이다.

5. 중국의 상차림

중국 상차림의 가장 큰 특징은 팔선탁자八仙卓와 회전반lasy susan이다.

쌀을 주식으로 하며 국수와 찐빵을 곁들여 먹고, 육류, 가금류, 어류, 해산물, 야채 등을 곁들여 먹는다. 음식은 대개 큰 접시에 한 번에 제공되며 각자 먹고 싶은 만큼 덜어 먹는다.

연회음식은 대개 10~14가지의 코스로 제공되며 차가운 음식부터 시작한다. 중국 음식에서 술은 매우 중요한 역할을 담당하고 있다.

중국요리의 정식 테이블 세팅에는 냅킨과 간장, 라유, 식초 등의 조미료병, 찻잔과 개인 접시, 렝게와 렝게받침, 젓가락, 젓가락받침 등이 필요하다. 또한 기본 반찬으로 제공되는 짜사이, 파, 오이, 양파, 춘장을 담을 작은 그릇이 쓰인다.

그림 5-4 | 중국의 상차림

출처 : 저자 스타일링

삼국의 젓가락 이야기

한국, 일본, 중국 중에서는 일본이 가장 짧은 젓가락을 쓴다. 음식을 바로 입안으로 떠미는 방식의 식습관 때문에 무겁고 긴 젓가락보다는 짧은 젓가락을 선호하며, 초밥처럼 한입에 먹기 좋은 크기의 음식이 발달하였다.
중국은 멀리 있는 음식을 쉽게 먹기 위해 젓가락이 가장 긴 형태로 발달하였다. 한 번에 집기 편하도록 음식 조각의 크기도 가장 큰 형태를 띤다.
한국 음식은 멀리 손을 뻗어서 먹거나 입에 쓸어 넣는 형식이 아니어서 젓가락을 쓰는 방식이 좀 더 복잡하게 발달하였다. 젓가락의 길이나 음식물의 크기도 삼국 중에서 중간 크기이다. 이러한 차이점이 한국에서 금속으로 된 젓가락이 발달할 수 있는 문화적 기반을 만들었다.
중국은 면이나 기름으로 조리한 음식이 많아서 먹을 때 음식물이 미끄러지지 않는 것이 중요하였다. 따라서 음식물을 잘 붙들고 있는 대나무 등의 재질과 길고 두툼한 젓가락이 발달하게 되었다. 일본은 섬이라는 지역적 특색 덕분에 생선을 주로 먹어서 가시를 잘 발라낼 수 있도록 젓가락의 끝이 뾰족하게 발달하였으며, 주변에서 쉽게 구할 수 있는 일반 나무로 젓가락을 만들었다. 이렇듯 세 나라가 모두 젓가락을 쓰지만 형태는 각국의 음식 특성에 따라 다르게 발달하였다.

6. 중국 식기의 종류

중국의 식기는 크기가 우리나라나 일본보다 큰 것이 특징이다. 여러 명이 나누어 먹을 만큼의 요리가 한꺼번에 담겨 제공되기 때문이다. 개인접시는 고급일 경우 은기를 사용하지만 대개는 도자기 제품을 사용한다.

중국의 젓가락은 길이가 25cm 정도로 길고, 음식물을 집는 끝부분은 뭉툭하다. 대부분의 중국 음식이 기름기가 많아 집기가 어렵기 때문에 긴 것인데, 북방에서는 나무로 만든 것을 주로 사용하고, 남방에서는 참대로 만든 젓가락을 주로 사용한다.

이 밖에 상아나 플라스틱, 래커 칠한 나무 등을 이용하여 젓가락을 만든다.

그림 5-5 | 중국 식기의 종류

CHAPTER

06

DSLR 카메라와 음식 촬영

06

FOOD STYLING

1. 카메라의 종류
2. DSLR 카메라의 조작
3. 조명
4. 촬영 용어
5. 음식 촬영의 실제
6. 사진 데이터의 활용

1. 카메라의 종류

사진photography은 그리스어의 빛phos과 그린다grapos의 합성어로서 빛으로 그린 그림이라는 의미가 있다.

촬영을 전문 직업으로 하지 않는 사람들까지도 1인 1대의 DSLR 카메라가 보급되면서 사진을 찍는 작업이 대중화되었다. 필름 카메라였다면 엄두도 내지 못했을 일들이 단순히 셔터를 누르는 것만으로 사진 촬영을 할 수 있게 된 것이다. 특히 촬영한 즉시 바로 액정 화면을 통해 눈으로 확인할 수 있다는 점이 DSLR 카메라의 크나큰 매력이다.

필름 카메라는 사용하는 필름의 크기에 따라 소형, 중형, 대형 카메라로 나눈다. 소형 카메라는 영화에서 주로 사용하는 35mm 폭의 롤필름을, 중형 카메라는 60mm 폭의 롤필름을 사용한다. 시트필름과 낱장필름을 사용하는 대형 카메라는 4×5inch를 가장 많이 쓰며 더 큰 크기로 5×7inch, 8×10inch 등 다양한 종류가 있다. 촬영한 이미지를 큰 크기로 인화하고자 할 때는 필름의 크기가 클수록 선명하고 세밀한 결과물을 얻을 수 있다.

디지털 카메라의 성능을 표시하는 방법 중에 '픽셀'의 수와 '이미지 센서'의 크기가 있다. 이미지 센서는 표면에 들어온 빛의 정보를 잡아 화소에 화상을 표시한다. 이미지 센서의 크기가 클수록 화상이 매끄럽게 표현된다. 또한 화소 수가 높을수록 세밀한 사진을 촬영할 수 있다. 픽셀은 컴퓨터상에서 취급하는 화상 정보의 최소 단위로 '화소'를 뜻한다.

대형 카메라

중형 카메라

소형 카메라

그림 6-1 | 필름 카메라의 종류

2. DSLR 카메라의 조작

1) 노출exposure

사진은 빛으로 그리는 그림이다. 따라서 사진의 좋고 나쁨은 빛이 결정한다는 말도 있다. 노출은 받는 빛의 양을 뜻하며 조리개, 셔터 스피드shutter speed, 감광도ISO에 의해 그려진다.

먼저 렌즈로부터 들어오는 빛의 양을 조절하는 장치가 조리개와 셔터이다. 조리개는 빛이 들어오는 구멍을 열거나 조여서 빛을 조절한다. 조리개를 열면 빛의 양이 많아지고 조리개를 조이면 적어진다. 셔터는 그 시간을 조절한다.

셔터 스피드는 빛이 이미지 센서CCD에 닿는 시간을 결정한다. 셔터 스피드가 빠르면 빛이 닿는 시간이 짧아져 빛의 양이 적어진다. 반대로 셔터 스피드가 느리면 빛의 양이 많아진다. 셔터 스피드를 조절하면 흔들리는 피사체의 움직임을 연출할 수 있는 등 표현의 폭이 넓어진다.

감광도는 이미지 센서가 빛에 반응하는 민감도를 수치화한 것으로, 수치를 높게 설정하면 빛에 예민해져 사진이 밝아지고 셔터 스피드가 빨라지기 때문에 손이 떨리는 것을 줄일 수 있다. 그러나 화질이 거칠어질 수 있으므로 적정 수준으로 조절해야 한다.

2) 렌즈의 종류

무엇을 촬영하느냐에 따른 알맞은 렌즈의 선택은 매우 중요하다. 초점거리의 원근에 따라 다음과 같이 분류할 수 있다.

(1) 광각렌즈Short Lens, Wide-angle Lens

초점거리가 표준렌즈보다 짧은 것으로, 넓은 범위를 촬영하고 싶을 때 사용한다. 이미지의 원근감이 강조되고 화각이 넓다.

(2) 표준렌즈 Normal Lens

사람의 눈으로 보고 있는 화각과 가장 가까운 것이 표준렌즈이다. 35mm 카메라를 기준으로 할 때 초점거리는 40~55mm이다. 주로 50mm를 사용한다. 사용하는 이미지 센서나 필름의 대각선 길이가 그 카메라의 표준렌즈에 해당된다.

(3) 망원렌즈 Long Lens, Telephoto Lens

초점거리가 표준렌즈보다 긴 것으로, 화각이 좁고 피사계 심도가 좁아지는 특성이 있다. 동물 또는 스포츠 장면 등 접근이 어려운 상황이나 먼 곳에 있는 것을 크게 촬영하고 싶을 때 유용하다. 인물 사진, 제품 사진, 음식 사진 등에 많이 사용한다.

(4) 매크로렌즈 Macro Lens

근접 촬영 기능이 뛰어난 렌즈로, 접사를 하고 싶을 때 사용한다. 꽃을 촬영할 때 좋다.

(5) 고정초점거리렌즈

고정초점거리렌즈(단렌즈)는 줌렌즈의 반대 개념으로, 초점거리가 고정된 렌즈이

그림 6-2 | 카메라 렌즈의 종류

다. 초점거리의 연속적 변화와 조절이 가능한 줌렌즈는 편리한 만큼 많이 사용되지만 해상도는 고정초점거리렌즈가 훨씬 뛰어나다.

3) 피사계 심도depth of field

피사체의 초점이 정확한 정도를 피사계 심도라고 한다. 초점이 넓은 부위가 또렷한 것을 피사계 심도가 깊다고 하며, 피사체 전후의 초점이 흐린 것은 얕다고 한다. 이때 피사계 심도를 결정하는 것은 렌즈의 초점거리, 촬영거리, 조리개의 조임 상태이다.

피사계 심도에 따라 이미지가 전체적으로 찍히는 것을 팬 포커스pan focus라고 하며, 이미지가 약간 흐린 것을 아웃 오브 포커스out of focus라고 한다. 음식 사진을 찍을 때는 이미지를 중요시할 경우 피사계 심도를 약하게 하는 것이 좋으며, 음식 정보를 있는 그대로 정확히 전달하거나 윤곽선을 자르기 위한 용도(누끼용)로 촬영할 때는 피사계 심도를 깊게 한다. 광고나 이미지 중심의 사진은 피사계 심도를 좁혀 아웃 오브 포커스로 찍고, 설명을 요하거나 이미지 전체가 필요한 사진은 팬 포커스를 활용하는 것이 효과적이다.

4) 초점거리

렌즈의 중심에서 이미지 센서까지의 거리를 초점거리라고 한다. f값은 조리개의 F값과는 다르다. 초점거리가 짧으면 넓은 범위가 찍히고 초점거리가 길면 먼 곳의 형상이 크게 찍힌다.

- F= f/D
- F : F값
- D : 렌즈의 구경
- f : focal length, 렌즈의 초점거리

5) 색온도와 화이트 밸런스 white balance

빛은 색을 가지고 있다. 태양빛은 아침과 저녁에는 붉고, 그늘에서는 파랗게 보인다.

광원에 의한 색의 차이를 색온도라고 한다. 이 색온도는 디지털 카메라 촬영 시 적절하게 조정하여 실제의 색과 근접하게 맞출 수 있도록 조절 가능한데 이러한 기능을 화이트 밸런스라고 한다. 화이트 밸런스는 색온도에 따라 맑음, 흐림, 형광등을 사전에 설정하여 맞출 수 있다.

AWB는 auto white balance의 약자로 카메라가 광원조건에 따른 최적의 화이트 밸런스를 자동으로 선택해 주는 기능이다. 기본적으로 태양광에 맞춰져 있다.

6) 앵글 angle

피사체에 대한 카메라의 방향을 앵글이라고 한다. 하이앵글high angle은 피사체를 높은 위치에서 촬영하는 것이다. 아이레벨eye level은 피사체와 같은 높이에서 찍는 앵글로 인물의 경우 눈높이에서 촬영한다. 로우앵글low angle은 피사체를 낮은 위치에서 촬영하는 앵글이다.

3. 조명

조명에는 주광key light과 보조광fill light이 있다. 보조광은 주원에 의해 생긴 진한 그림자를 밝게 하여 사진의 콘트라스트를 줄이는 역할을 하는 광원이나 조명을 말한다. 주로 스튜디오 내 촬영 시에 쓰이는 말이며, 야외 촬영 시에는 태양광이 주광이 되고 카메라의 플래시광이나 반사판 등이 보조광이 된다.

1) 광질

(1) 직사광direct light

점광원에서 나오는 방향성을 갖는 광선으로 그림자가 선명하다. 태양광은 대표적인 직사광이다.

(2) 확산광diffused light

먹구름이 낀 흐린 날처럼 방향성이 없고 그림자가 생기지 않는 광선이다.

(3) 방향성 확산광directional diffused light

양지에서 가까운 밝은 그늘이나 창가의 광선처럼 부드러운 그림자를 만드는 광선으로 풍부한 계조gradation가 생기는 광선이다. 인물 사진의 촬영에 적합하다.

(4) 점광원

크기가 작은 광원으로 태양광이 대표적이다.

(5) 면광원

점광원에 비해 상대적으로 크기가 큰 광원으로 그늘의 창가에서 들어오는 빛 등이 해당된다. 스튜디오에서는 주로 트레이싱페이퍼를 활용한 확산체를 이용하거나 반사판에 광선을 반사시켜 점광원을 면광원으로 만들어 사용한다. 부드러운 그림자를 만들 수 있는 조명이다. 스튜디오에서 많이 사용하는 소프트박스가 대표적인 면광원이다.

2) 조명의 방향

사진 촬영을 위해서는 빛이 비치는 방향에 대한 지식도 필요하다.

(1) 정면광front light

피사체의 정면에 빛을 비추고 있는 상태인 순광은 촬영에 실패할 확률은 적지만, 딱딱하고 재미없는 사진이 된다는 단점이 있다. 피사체가 잘 보이나 입체감이 부족하기 때문이다. 카메라에 붙어 있는 플래시를 사용할 때 이 상태가 되기 쉽다.

(2) 측면광 side light

측면에서 빛이 들어오는 측면광은 피사체에 경사면으로 빛이 비추고 있는 상태로 피사체의 그늘이 살아 있어 입체감을 살리기 위한 사진 촬영에 적합하다. 강렬한 이미지를 만들 수 있다.

(3) 상부측면광 high side light

스튜디오에서 촬영하는 인물 사진에 가장 많이 사용되는 조명이다. 인물의 입체감을 살릴 수 있다.

(4) 하부광 under light

아래에서 비추는 조명으로 신비하고 기괴한 이미지를 연출한다.

(5) 반역광 side rear light

야외촬영에서 많이 활용되는 빛으로 피사체의 뒤에서 들어오는 광선이다. 대부분 배경은 어두워지고 피사체와 배경이 분리된 이미지로 표현된다. 실내의 경우 얼굴의 디테일을 표현하기 위해 플래시를 보조광으로 사용하거나 흰색 반사판을 쓰는 것이 일반적이다. 음식을 찍으면 질감이 잘 표현되어 요리 사진의 촬영에도 많이 사용한다.

(6) 탑광 top light

피사체의 위에서 비추는 조명으로 일반 제품 사진에 많이 쓰이며, 인물 사진에서는 머리카락의 디테일과 어깨선을 강조할 때 사용한다.

(7) 역광 back light

피사체의 뒤에서 빛이 비추는 역광의 경우 일반적으로 피사체가 어두운 사진이기 때문에 노출 보정이 필요하다. 조리개를 열거나 셔터 스피드를 늦춰 노출을 보정하는데, 역광을 잘 이용하면 인상적이고 아름다운 사진을 만들 수 있다.

3) 조명 장비

텅스텐 조명이 주류를 이루었던 과거에 비해 현재는 대형 스트로보의 보급으로 다양한 가격대의 합리적인 모델이 등장하고 있다.

(1) 소프트박스soft box

부드러운 느낌의 광선 효과를 얻을 수 있어 음식 촬영에 주로 사용된다. 소프트박스가 준비되지 않은 경우 일반 램프나 조명에 트레이싱페이퍼를 덧대면 빛이 부드럽게 확산되어 효과적이다.

(2) 텅스텐 조명tungsten light

색온도가 3,200~3,400K인 백열등 계열의 조명으로 전등광電燈光이라고도 한다.

(3) 스트로보strobo

외장 플래시이다. 스튜디오용 스트로보는 전원부, 축충전부, 발광부로 구성되어 있다. 모델링 램프라고 하는 소형의 할로겐램프가 발광부에 가깝게 설치되어 조명 상태를 확인하면서 촬영할 수 있다.

소프트박스 텅스텐 조명 스트로보

그림 6-3 | 조명의 종류

4. 촬영 용어

음식을 촬영할 때는 먹음직스럽게 보이도록 오감을 자극하는 것이 가장 중요하다. 따라서 고기 등을 기름에 굽거나 튀길 때 나는 소리인 의성어 시즐sizzle에서 유래한 시즐 기법이 촬영 포인트가 된다. **표 6-1**과 **표 6-2**는 잡지사에서 많이 쓰이는 촬영 용어이다.

표 6-1 | 잡지 촬영 용어

용어	내용
간지feeling	느낌 혹은 효과를 의미한다.
누끼ぬき	원하는 부분을 도려내서 사용할 목적으로 하는 촬영을 말한다. 대개 제품의 패키지나 잡지 혹은 메뉴판에서 단품으로 찍은 사진을 오려낸 뒤 원하는 다른 배경에 올려 활용할 경우에 주로 사용한다. 흰색이나 옅은 회색의 바탕색 위에 다른 소품 없이 깔끔하게 피사체만 돋보이도록 찍어야 한다.
도비라どびら	주제 표지로 대개 한 페이지를 풀 프레임full frame 사진으로 만들며, 이어질 내용들을 함축적으로 표시하는 이미지 컷이다. 구체적인 장면보다는 상징성을 담아 촬영하는 것이 좋다.
레이아웃layout	사진, 일러스트레이션 등을 정해진 공간 안에 배열하고 구성하는 작업으로 시각적 호소력이 중요해진 현대에 매우 중요한 항목이다.
베다	음식 사진을 찍을 때 바탕이 되는 바닥을 말한다. 가장 보편적으로 사용되는 천이나 종이, 한지, 벽지는 물론 나무 보드와 도자기, 타일, 가죽, 유리, 아크릴 등 다양한 소재가 모두 해당된다.
센터 스프레드center spread	중철 제본의 한가운데의 양면으로, 좌우 페이지의 어긋남이 없고 면이 넓어서 광고 공간으로 유용하다.
캡션caption	사진이나 그림 등의 주위에 배치하는 짧은 글귀로 의미를 설명하거나 주제를 서술한다.
타이포그래피typography	문자 디자인을 말하며, 활자나 사진 식자 등의 기법으로 레터링하거나 배열하여 문자를 표현한다.
히라끼ひらき	주제 표지로 인쇄물을 펼쳤을 때 2페이지가 나란히 연결된 사진을 말한다.

표 6-2 | 사진 촬영 용어

용어	내용
노출 과다over exposure	필름이나 인화지에 필요 이상의 많은 노출을 준 상태로 정상보다 밝고 하얗게 나타난다.
노출 부족under exposure	필름이나 인화지에 정상보다 광량이 부족한 상태로 농도가 낮아 좋은 사진을 얻을 수 없다. 사진의 이미지는 정상보다 검고 어둡게 나타난다.
선예도sharpness	초점이 선명하게 잘 맞았다거나 디테일의 명료함을 표현하는 주관적이고 감각적인 표현 양식이다. 선예도가 높을수록 디테일의 묘사가 극명하다.
콘트라스트contrast	이미지의 일정한 부분의 톤과 다른 부분의 톤의 강약의 차이를 말한다. 콘트라스트가 강하다는 것은 화면의 색상이나 밝고 어두운 정도의 차이가 정상보다 심하다는 뜻이다.
텐팅tenting	광택이 있는 피사체의 경우 카메라와 촬영자 또는 스튜디오의 천장이나 벽면의 불필요한 영상이 피사체에 반사되는 것을 막기 위해 흰 종이나 천 등으로 하우스housing를 만들어 촬영하는 것을 말한다.
프레이밍framing	촬영 당시 화면을 들여다보면서 구도를 잡는 작업이다.
헐레이션halation	화각 내에 강한 광선이 있을 때 일어나는 현상이다. 요리 사진의 하이라이트는 생동감을 살리지만 국물 요리에서 속의 내용물이 보이지 않게 되는 헐레이션은 피해야 한다.
AF auto focus	자동으로 초점을 맞추는 기능이다.
AE auto exposureb	피사체의 밝기를 카메라가 판단하여 자동으로 노출을 결정하는 기능이다.
CCD Charge Coupled Device	디지털 카메라에서 이미지 저장을 담당하는 것으로 필름 카메라의 필름에 해당한다.

5. 음식 촬영의 실제

라이팅은 사진 촬영의 처음이자 끝이다.

1) 음식 촬영을 위한 라이팅

음식 촬영을 위한 라이팅을 계획할 때는 다음의 사항에 유의한다.

- 조명 기기의 발열량은 매우 높다. 조명 기기에서 발생하는 열 때문에 음식이 마르지 않도록 주의해야 한다. 말라 버린 음식처럼 맛없어 보이는 음식 사진도 없다. 따라서 촬영 구도를 잡고 조명을 켠 후 되도록 짧은 시간 내에 능률적으로 촬영을 마쳐야 한다.
- 고기가 석쇠에서 구워지는 표현을 위해 불꽃을 촬영해야 하는 경우 주위를 되도록 어둡게 하고, 스트로보의 모델링 램프를 끈 후 장시간 노출을 준다.
- 국물 요리를 촬영할 때는 헐레이션에 유의해야 한다. 조명의 반사로 표면이 하얗게 나왔을 경우 조명이나 카메라의 각도를 바꿔 재촬영한다.
- 돋보기나 거울 등을 조명의 보조 도구로 이용하면 피사체에 강한 빛이 모여 주제를 더욱 분명하고 강렬하게 표현할 수 있다.
- 소스나 드레싱을 뿌린 음식의 촬영에는 특히 라이팅에 유의해야 한다. 조명의 방향을 다양하게 변경하면서 촬영에 임하는 것이 좋다.

2) 음식 촬영의 기술

사진 속의 음식은 실제보다 더 먹음직스럽게 보여야 한다. 따라서 사진을 찍을 때 눈으로 먹는다는 생각으로 접근해야 한다. 사진에는 맛이나 향, 온도 등이 나타나지 않기 때문에 신선함, 따뜻함, 청량감 등 음식 고유의 특징이 보다 더 잘 느껴질 수 있도록 연출해야 한다.

- 커피나 간장, 소스, 국물류는 실제로 보는 것보다 사진으로 찍었을 때 진하게 나온다. 따라서 물로 희석해서 촬영해야 한다.
- 요리가 마르지 않도록 표면에 식용유나 오일을 붓으로 바른다.
- 생선회를 촬영할 때는 가습기를 사용해서 수분을 촉촉하게 유지시켜야 윤기가 나며 신선해 보인다.

그림 6-4 | 샐러드의 연출

출처 : 저자 스타일링

그림 6-5 | 음식 촬영 현장

- 요리 재료를 실제로 조리하는 것처럼 충분히 익히면 형태가 뭉그러지고 색이 변해 맛이 없어 보이는 경우가 대부분이다. 반 정도만 익혀서 색을 낸 뒤 촬영하는 것이 사진상으로 더 맛있어 보일 수 있다.
- 김이 나는 장면의 연출을 위해서는 촬영 직전에 뜨거운 물을 살짝 부으면 순간적으로 김이 피어올라 효과적이다.
- 맥주, 위스키, 와인 등의 병이나 유리잔을 촬영할 때는 테이블 아래에서 빛을 비추면 피사체가 투명해 보이면서 청량감이 느껴져 효과적이다.
- 유리 제품을 촬영할 때는 표면을 깨끗하게 닦아야 하며 찍는 환경 또한 먼지가 없는 곳이 좋다.

- 물방울을 표현할 때는 물과 글리세린을 1:1의 비율로 섞어 스포이트를 이용하여 표면에 고정시킨다.
- 소스는 촬영 직전에 뿌려야 먹음직스러워 보인다.
- 촬영할 메뉴와 연관성이 있는 소품들을 이용하여 스타일링을 한다.
- 젓가락, 스푼, 포크, 나이프 등을 이용하면 동적인 분위기가 연출되어 긴장감을 더할 수 있다.

6. 사진 데이터의 활용

디지털 카메라로 촬영한 데이터를 출력하거나 블로그 또는 홈페이지에 올릴 때는 RAW나 JEPG의 두 가지 형식으로 저장한다. RAW 형식은 촬영한 상태 그대로 저장하는 것으로 많은 저장 공간이 필요하다. 가능하다면 RAW로 저장하는 것을 권한다. JEPG 형식은 압축된 데이터로 저장 공간이 많이 필요하지 않아 유용하지만 가공 시 화질이 나빠지는 단점이 있다.

CHAPTER

07

푸드 디자인

07

FOOD STYLING

1. 푸드 디자인의 기본 요소
2. 푸드 디자인의 시각적 요소
3. 푸드 디자인의 원리
4. 형태와 심리

1. 푸드 디자인의 기본 요소

디자인design의 어원은 '표시하다, 계획하다'란 뜻의 라틴어 '데시그나레designare'이다. 즉 디자인이란 인간의 생활에서 목적에 맞게 실용적이며 미적인 것을 계획하고 실현하는 행위이며 이것을 가시적으로 표현하는 것이라 할 수 있다.

좋은 디자인은 '아름다움美과 실용성用'이 조화를 이룰 때 비로소 가치를 가질 수 있다. 푸드 디자인의 기본 요소에는 점, 선, 면, 입체가 있다.

1) 점point

점은 크기가 일정하지 않으며 위치를 표시하는 역할을 한다. 이때 점의 크기는 상대적이다. 점이 커지면 면이 되며, 같은 크기의 점도 놓인 면 또는 공간의 넓이에 따라 다른 느낌을 준다.

점은 긴장감tention, 주의력attention을 주고, 한 점이 큰 경우에는 작은 점으로 긴장과 주의력을 옮기는 역할을 한다.

(1) 유사성의 법칙similarity

모양, 크기, 색상 등에서 유사한 시각적 요소들을 연관지어 그룹핑grouping함으로써 그 유사한 자극들을 집단화하려는 경향이다.

(2) 근접성의 법칙proximity

보다 더 가까이 있는 두 개 또는 그 이상의 시각적 요소들이 패턴이나 그룹으로 보일 가능성이 크다는 법칙으로 요소들의 면적의 거리에 따라 발생한다.

그림 7-1은 유사성과 근접성의 법칙을 활용한 푸드 디자인으로서 우리나라의 한과류를 담을 때는 하나의 점, 선, 면으로 인식하여 그룹핑하여 연출하는 것이 효과적이다.

그림 7-1 | 유사성과 근접성을 보여 주는 푸드 디자인

출처 : 한국인이 가장 사랑하는 음식 韓食, 전주 음식 50선(좌), H업체 촬영(우), 저자 스타일링

2) 선line

점의 연속은 선이다. 선은 점이 이동한 궤적의 의미로 운동에 의해 생긴 것이다. 따라서 선은 운동의 속도, 강약, 방향 등에 의해 나타난다.

(1) 직선

직선은 딱딱함, 남성적, 합리적, 명쾌함, 단순함, 속도감, 차가움 등의 느낌을 준다.

표 7-1 | 직선의 종류와 특징

종류	특징
굵은 직선	둔하고 강함
가는 직선	세밀하고 섬세하며 굵은 것에 비하여 여성적
수직선	상승력, 엄숙, 단정, 신앙, 희망, 의지적
수평선	안정감, 안락함, 정지적
사선	넘어질 듯한 움직임, 운동, 불안정, 변화, 활동적

그림 7-2 는 가는 직선으로 섬세한 느낌을 주고 변화된 감각을 전달하기 위해 측면에서 촬영한 푸드 디자인의 예이다.

그림 7-2 | 가는 직선과 측면을 활용한 푸드 디자인

출처 : 재외공관 오만찬 가이드북, 저자 스타일링

(2) 곡선

곡선은 길이, 두께, 형상 등에 따라 달라지나, 온화함, 느린 움직임, 우아함, 여성스러움, 쾌적한 리듬감, 따뜻함, 부드러움 등의 느낌을 준다.

표 7-2 | 곡선의 종류와 특징

종류	특징
기하학적 곡선	명쾌함, 대담함, 기계적인 단순성, 이지적
쌍곡선	대칭의 아름다움, 율동적
자유곡선	해방감, 풍부함, 유동적
소용돌이곡선	구심적, 원심적, 유동적

그림 7-3 | 곡선을 활용한 푸드 디자인

3) 면 plane

면은 점의 확대, 선의 이동, 선의 폭이 확대되어 형성된 것으로 여러 개의 선이 모여서 이루어진다. 삼각형, 사각형, 원, 입체 등이 있다.

표 7-3 | 면의 종류와 특징

종류		특징
삼각형		안정감, 부동 상태, 차가움
사각형	정사각형	엄격함
	마름모	안정감, 경쾌함
	다각형	풍부함
원	원	단순함, 원만함
	타원	온화함, 부드러움, 여성적

그림 7-4 | 다양한 면을 활용한 푸드 디자인

출처 : 재외공관 오만찬 가이드북(좌), 2012 소망을 담아 정성으로 빚고 마음으로 베풀다 전시회(우), 저자 스타일링

4) 입체form

형태는 면으로 구성되며, 공간과 질감을 가지고 있다.

정다면체의 직선계, 원뿔 등의 곡선계, 원기둥의 중간계로 구분한다. 입체는 굵기와 긴밀함, 한정성, 3차원, 무게감 등 점, 선, 면보다 많은 특징이 있다. 푸드 스타일링에서의 입체는 다면체, 뿔, 기둥, 구의 모양으로 단순한 면의 이동이나 회전이동에 따라 형성된다. 주로 서양 요리의 가니쉬에 많이 이용되며, 특성에 맞춰 음식의 디자인에 활용할 수 있다.

표 7-4 | 입체의 종류와 특징

종류	특징
육면체	고정성, 강직성, 차가움
원뿔	원만함, 안정감
각뿔	진취적, 안정감, 경쾌함, 이질성, 이지적
원기둥	풍성함, 안전감, 유동적
구	부드러움, 여성적

그림 7-5 | 입체감을 활용한 푸드 디자인

2. 푸드 디자인의 시각적 요소

그릇담기는 요리와 식기의 형태, 크기, 색채, 질감의 조화에 의해 결정된다.

1) 형태 shape

물체의 입체적 모양을 뜻한다.

- 자연 형태 : 사람의 의지와 관계없이 형성된다. 무생물의 형태와 동물, 식물 등의 생물의 형태가 있다.
- 인공 형태 : 사람의 생각과 의지에 따라 타율적으로 형성되며, 재료와 그에 따른 처리기술이 필요하다.
- 현실 형태 : 자연 형태와 인공 형태를 모두 포함하는 조형 형태이다.
- 순수 형태 : 현실 형태의 모든 속성을 버리고 최후에 남은 형태이다.

그림 7-6 | 자연 형태의 푸드 디자인

2) 크기와 부피 size and volume

크기는 선이나 형, 입체가 각각 공간 간격을 가질 때, 그 간격이 길이나 용적 혹은 면적에 따라서 크기의 대비가 생긴다. 이에 비하여 부피는 물체의 무게와 부피를 나타내는 것으로 입체감과 실제감을 주는 중요한 요소이다. 주로 명암에 의해 표현되고, 형태나 선, 색채로도 나타난다. 크기가 크면 위대함, 장대함, 위압감 등을 느끼게 하며, 작은 크기와 부피감은 귀염성, 연약함 등의 감정을 갖게 한다.

3) 색채 color

그릇담기를 할 때는 먼저 최종 결과물인 음식의 색과 이미지를 결정하고 사용한 식자재의 조리 후 색의 변화를 감안하여 식기의 색상, 형태, 크기를 결정해야 한다. 사진 촬영 시에는 메뉴의 색과 바닥색인 테이블클로스, 기타 소품과의 연관성을 고려하여 준비하도록 한다. 이때 소품은 촬영에 방해가 되지 않아야 하며, 지나친 소품 사용은 메뉴 전달에 장애가 되므로 주의한다.

그림 7-7 | 음식 · 식기 · 테이블클로스의 색의 조화

4) 질감texture

손으로 만지는 촉각적 질감과 눈으로 보는 시각적 질감, 몸이 인지하는 인상, 빛의 반사, 관리 상태, 미와 개성 등에 따른 느낌이다. 같은 음식이라도 식기의 질감에 의해 음식의 이미지가 달라진다. 그림 7-8 은 같은 오미자 화채를 다른 그릇에 담았을 때 느껴지는 인상을 비교한 것이다.

그림 7-8 | 식기의 질감에 따른 이미지 변화

시각적 요소는 다음과 같은 요인에 의해 변동된다.

표 7-5 | 시각적 요소의 변동 요인

시각적 요소	변동 요인
방향direction	형태를 보는 사람, 형태를 구성하는 외곽선, 주위의 다른 형태에 의해 결정된다.
위치position	식사자의 위치, 요리사가 담을 때의 위치에 의해 결정된다.
공간space	빛의 방향과 세기에 따라 입체감을 주어 공간의 표정을 다양화할 수 있다.
중량감potence	심리적인 것으로서 본래 무게와는 무관하며 가벼움, 안정, 불안정 등의 감정에 의해 결정되고 크기, 재질, 색에 의해 느껴지는 형태에 따라서도 달라진다.

그림 7-9 에서는 다양한 재질, 색상, 크기, 중량감을 갖춘 통일성 있는 연출로 자연 상태의 식자재 이미지를 신선하게 전달하기 위해 자연 그대로의 거칠고 투박한 느낌의 무채색 돌을 식기 대용으로 사용하였다.

그림 7-9 | 식자재의 이미지를 표현한 식기 선택과 연출

3. 푸드 디자인의 원리

1) 통일과 변화 unity and variety

통일과 변화는 시각상의 힘과 통합을 의미한다. 변화란 무질서함이 아니라 통일 가운데의 변화라는 점에 주의해야 한다.

2) 조화harmony

부분과 부분, 또는 부분과 전체 사이에 안정된 관련성을 부여하고, 서로 공감을 불러일으킬 때 비로소 조화가 이루어진다.

3) 밸런스balance

부분과 부분, 또는 부분과 전체 사이에 힘의 어울림이 있을 때 밸런스를 이룬다고 한다.

(1) 대칭symmetry

밸런스의 가장 일반적인 형태이며 딱딱한 느낌을 줄 수 있다. 좌우대칭, 방사 대칭, 비대칭이 있다.

(2) 비례proportion

보기 좋은 비례는 균형이 이루어질 때이다.

4) 리듬rhythm

리듬은 각 부분 간에 시각적으로 강한 힘과 약한 힘이 규칙적으로 연속할 때 생긴다. 리듬감은 활기 있는 이미지를 연출해 준다. 리듬은 반복repetition, 점이gradation, 강조accent 등으로 이루어진다.

그림 7-10은 푸드 디자인의 원리에 의한 색상의 배열 및 재질의 통일성과 통합된 이미지를 보여 주고 있다.

그림 7-10 | 유사한 색상과 재질로 연출한 푸드 디자인

출처 : 한국인이 가장 사랑하는 음식 韓食, 전주 음식 50선, 저자 스타일링

4. 형태와 심리

1) 착시 현상

시각에 의해 발생하는 착각으로, 실제 사물의 상태와 눈으로 인지한 모습에 차이가 있는 현상을 말한다.

2) 군화의 법칙

두 개 이상의 도형을 동시에 볼 때 통합된 것으로 인식되는 현상을 말한다.

(1) 근접의 법칙

서로 가까이 있는 요소끼리 뭉친 것처럼 보인다.

(2) 유사의 법칙

비슷한 요소끼리 덩어리진 것처럼 보인다.

(3) 폐쇄의 법칙

윤곽선이 완전하지 않아도 일정한 형태로 자극되어 하나의 도형을 이룬다.

(4) 연속의 법칙

배열이나 진행 방향이 유사한 요소끼리 이어질 때 이들이 함께 속하는 것처럼 보인다.

CHAPTER 08

그릇담기

08

FOOD STYLING

1. 요리의 특성과 식기의 관계
2. 그릇담기의 실제
3. 그릇담기의 기본형
4. 푸드 디자인 원리에 따른 그릇담기
5. 형태와 재질에 따른 그릇담기

1. 요리의 특성과 식기의 관계

어떠한 접시에 완성된 메뉴를 담을 것인가는 푸드 스타일링에서 매우 중요한 첫 번째 선택 사항이다. 다양한 변수가 있겠으나 일단 메뉴의 풍토, 풍미, 풍류를 염두에 두고 식기를 선택한다면 실패를 줄일 수 있다. 요리를 담을 때는 첫째로 먹기 쉽게, 둘째로 아름답고 먹음직스럽게, 셋째로 전통을 이어 갈 후세에게 감동을 줄 수 있도록 연출해야 한다.

1) 풍토風土

요리는 그 지방의 지형이나 계절에 따라 각기 다른 식자재를 이용하여 다양하게 만들 수 있다. 같은 식자재라 해도 나라나 지역에 따라 생산되는 시기, 양, 조리법, 먹는 방법, 식욕을 자극하는 느낌 등이 다를 수 있다. 따라서 어떤 재료와 그릇이 어울리는지에 대한 기본적인 지식과 함께 향토 음식이나 토속품에 대한 주의 깊은 선택이 필요하다.

2) 풍미風味

식자재의 조리법이나 음식의 상태에 따라 그릇의 선택도 달라진다. 뜨거운 음식은 보온성이 좋고 열전도율이 낮은 재질의 식기, 차가운 음식은 시원함을 전달할 수 있는 식기를 선택한다. 또한 지역을 대표하는 이미지, 예를 들어 담양의 대나무 소재를 이용한 식기를 사용하면 향토적인 분위기를 표현할 수 있다.

음식을 배치할 때는 그릇의 형태, 크기, 색, 소재 등을 감안해야 한다. 나아가 요리의 향까지 염두에 둔다면 보다 만족스러운 그릇담기를 연출할 수 있을 것이다.

3) 풍류風流

요리와 어울리는 계절이나 문화를 표현한 소재, 형태, 그림 등을 이용하여 그릇담기를 하면 식욕을 한층 더 돋울 수 있다. 그릇담기는 푸드 코디네이터의 호스피탤리티 정신을 담아 음식을 내놓을 때마다 감동을 느낄 수 있도록 맛과 멋을 동시에 표현한다면 또 하나의 즐거움을 제공하는 요소로 작용할 수 있을 것이다.

2. 그릇담기의 실제

음식의 크기는 식기 크기와 1인 분량의 적정성을 고려하여 결정되어야 한다. 또한 음식의 형태는 평면과 입체의 형태에 이미지를 부여한 각 음식의 특징을 잘 표현해 내는 담음새를 결정하는 중요한 요인이다. 음식의 형태는 식기의 형태와 조화를 이루어져야 하며, 식재료의 특징을 살린 재질감을 반드시 갖고 있어야 한다. 이는 음식의 형태에 의해 먹고 싶다는 식욕을 느끼게 되기 때문이다. 식기 내원 밖으로 음식이 벗어나지 않도록 음식의 크기, 형태와 식기 크기와의 여백, 균형, 비례를 고려하며 그릇담기를 해야 한다. 또한 그릇담기에서는 리듬이 중요한 요소로 이는 각 요소와 어떤 부분 사이의 특정한 느낌이 규칙적이고 연속적으로 나타날 때 느껴

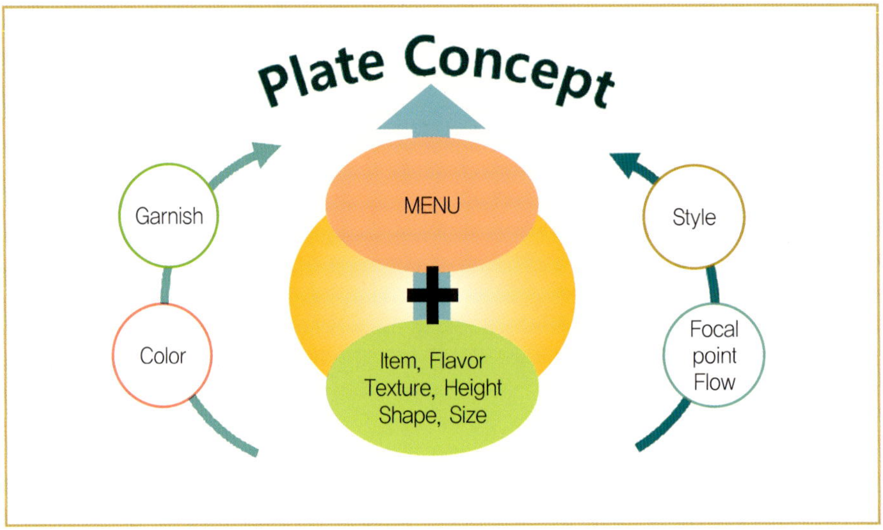

그림 8-1 | 그릇담기의 결정 요인

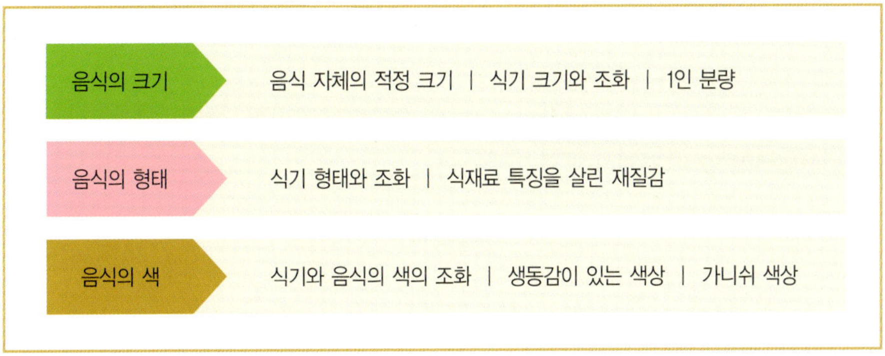

그림 8-2 | 그릇담기 시 고려 사항

지는 안정감으로 표현할 수 있다.

1) 계절감

반드시 이렇게 해야 한다는 정석이 정해져 있지는 않지만 요리와 식문화의 특성을 고려하여 계절감을 살리는 것이 좋다.

2) 맛과 멋의 표현

식자재가 지니고 있는 원래의 맛과 식기의 재질이나, 무늬, 계절감 등의 아름다움을 동시에 표현해야 한다.

3) 적절한 장식

너무 화려한 그림이 그려져 있는 그릇은 순수한 색의 음식을 담을 경우 요리가 부각되지 않으며, 반면에 화려한 요리를 담으면 그림과 요리가 승부를 겨루는 듯 보여 식욕을 잃게 만든다. 식기는 과하게 장식된 것보다 무난하고 자연스러운 것이 식욕을 돋운다. 먹지 못하는 소재를 그릇에 장식하는 것은 반드시 자제해야 한다.

4) 음식 · 그릇 · 공간의 조화

식공간의 연출은 음식과 그릇과 공간의 조화가 관건이며, 그중 음식에 맞는 그릇을 선택하여 담아내는 것이 가장 중요하다. 이에 필수적인 코디네이트 요소를 요약하면 다음과 같다.

- 컬러 코디네이트 : 음식, 식기, 식공간의 색채를 고려한다.
- 이미지 코디네이트 : 음식과 식기의 이미지를 고려한다.
- 라이프스타일 코디네이트 : 목표 고객층 또는 예상 고객층의 기호를 고려한다.
- 환경 이미지 코디네이트 : 지역, 풍토, 식습관 등을 파악하고 입지와 상권, 고객층을 고려한다.
- 트렌드 코디네이트 : 유행하는 사회적 정서, 시대적 배경 등을 고려한다.

5) 적절한 분량

그릇담기는 그릇 가득히 요리를 담는 것이 아니라 음식의 분량을 적절하게 정하고 알맞은 크기의 그릇을 선택하여 적당한 중심 공간에 연출하는 작업이다. 또한 여유를 느끼게 하고 자연스럽게 공감대를 형성할 수 있어야 한다.

일반적으로 그릇담기에서 요리와 여백은 4 : 6 또는 6 : 4의 비율이 가장 적당하다. 그릇의 형태, 문양, 광택, 재질 등을 요리와 함께 감상할 수 있도록 연출하고 입체적으로 담아내는 것이 중요하다.

6) 변화와 통일

요리의 수에 따라 몇 가지의 식기를 사용해야 할 때는 소재, 크기, 형태, 색 등을 달리하여 구성에 변화를 주는 방법도 좋지만 전체적인 분위기나 격식을 깨지 않도록 주의해야 한다.

7) 정면 배치

요리에도 얼굴이 있다. 가장 아름답게 보이는 부분을 정면으로 하여 그릇을 놓을 때에도 유의하여 배치한다.

그림 8-3 | 정면으로 배치한 그릇담기

3. 그릇담기의 기본형

누구나 마음에 드는 식기를 손에 넣으면 무엇을 담을까 생각하면서 요리를 떠올린다. 일본의 미식가로 자신이 만든 그릇에 요리를 담아 독창적인 경지를 연 기타오지 로산진北大路魯山人은 '식기는 요리의 옷'이라고 말했다. 즉 식탁의 분위기는 그릇과 요리의 조화에 의해 좌우될 정도로 둘 사이의 관계는 매우 중요하다.

맛있는 요리란 단순히 맛 자체만으로 만들어지는 것이 아니라 시각적인 미에 의해 이루어진다고 할 수 있다. 그릇담기는 조리 후 가장 마지막에 하는 작업으로, 음식을 집기 쉽고 먹기 편하게 그릇과의 조화를 생각하면서 배치해야 한다. 아름다운 식기에 보기 좋게 담긴 요리는 먹는 사람의 눈을 즐겁게 하고 식욕을 불러일으킨다. 식공간에서 음식이 차지하는 색의 비중은 5%인 반면, 음식을 담은 그릇이 차지하는 비중은 30%에 달한다고 한다. 그만큼 그릇담기와 배치는 식탁의 최대 주안점이며, 따라서 요리를 효과적으로 담는 것을 중요한 업무로 인식해야 한다.

1) 높낮이형

울창한 숲이나 작은 산 모양을 표현하는 그릇담기로서 주로 생선회나 생선구이에 사용하며 일반적인 요리를 담을 때도 많이 쓰는 기법이다. 앞쪽은 낮게, 뒤쪽은 높게, 왼쪽 방향으로는 높게, 오른쪽 방향으로는 낮게 하여 산이나 강 등의 자연적 감각을 입체감 있게 표현하는 것이다. 그림 8-4는 뒷부분을 산처럼 높게 쌓고 앞부분에 푸른 고명을 흩어 놓아 물이 흐르는 듯한 풍경을 연출하였다.

그림 8-4 | 높낮이형 그릇담기

출처 : 재외공관 오만찬 가이드북, 저자 스타일링

2) 배열형

준비된 요리를 순서대로 겹쳐 가면서 반복하여 담는 방법으로서 주로 전통음식인 비빔밥, 전, 떡 등을 놓을 때 사용하며 생선회, 열빙어나 조기, 구운 생선 등의 담기에도 쓰인다. 줄 간격과 길이, 식기 여백의 비율 등을 고려해야 한다.

그림 8-5 | 배열형 그릇담기

출처 : 한국인이 가장 사랑하는 음식 韓食, 전주 음식 50선, 저자 스타일링

3) 모둠형 · 집약형 · 콤비네이션형

그림 8-6 의 첫 번째 사진처럼 두세 종류의 요리를 한 그릇에 담을 때 모아서 놓는 방법이다. 주요리와 그 외의 요리가 맡은 각각의 역할을 감안하여 그릇담기를 해야 한다. 주로 동물성 식자재, 맛이 진하고 색이 강한 요리가 주인공이 되며 식물성 식자재, 맛이 은은하고 색이 연한 것을 조역으로 삼는다. 주요리는 그릇의 왼쪽과 손님의 앞에 놓고, 나머지는 오른쪽의 뒤쪽에 놓는다.

그림 8-6 의 가운데 사진처럼 한 그릇 안에 몇 개의 식기를 활용하여 모둠형, 집약형 그릇담기를 연출할 수도 있다. 이는 한국 음식의 위생적인 부분을 고려한 좋은 방법이다.

오른쪽의 뒤편에 그릇을 놓을 때는 중심부에서 약간 벗어난 위치에 입체감을 살려 배치한다. 시각적으로 안정감을 느낄 수 있는 구도로 하여 각 접시마다 변화를 주면서 음식을 담는다. 그림 8-6 의 마지막 사진처럼 주가 되는 그릇에는 음식을 모아서 담고, 주요리와 나머지 요리의 분량에도 차이를 두도록 한다.

그림 8-6 | 모둠형 그릇담기

4. 푸드 디자인 원리에 따른 그릇담기

1) 통일과 변화 unity & variety

식자재, 조리법, 조리 후의 색감과 식기, 주변 환경이 통일되어야 하며, 가니쉬나 토핑 재료를 이용하여 변화를 준다.

구성 원리 중 가장 중요한 요소로서 질서와 균형에 의한 통일성은 조화로운 느낌을 주지만 이를 지나치게 강조하면 진부할 수 있어 그 가운데 변화를 줄 필요가 있다. 여러 형태의 느낌들을 다양하게 표현하기 위해서도 변화가 필요하다. 이 또한 통일성과 밀접한 관계가 있어 너무 복잡하면 무질서하고 어지럽기 때문에 통일성을 바탕으로 변화를 주어야 한다. 이때는 유사한 색상과 재질감에 의한 통일이 필수적이다.

그림 8-7 | 통일과 변화의 원리를 적용한 그릇담기

출처 : 채소 음식, 저자 스타일링

2) 조화harmony

조화는 두 가지 이상의 요소가 잘 어울리도록 질서를 잡아주는 원리로서 한쪽으로 치우치면 산만함과 단조로움의 극단적인 표현이 될 수 있다. 서로 비슷한 요소를 결합하여 안정감, 단순함, 명쾌함을 주는 유사조화와 특징이 다른 요소의 결합으로 긴장감이나 극적인 효과를 연출하는 대비조화로 나눌 수 있다.

(1) 반복repetition

반복은 디자인의 가장 단순한 방법으로 일정한 간격을 두고 동일한 형식을 되풀이하여 시선의 이동에 따른 동적인 느낌을 표현할 수 있다. 반복은 힘의 분배와 풍부함을 느끼게 하지만 지나치면 전체적인 통일감을 떨어뜨릴 수 있다.

그림 8-8 | 반복의 원리를 적용한 그릇담기

(2) 점이 gradation

점이는 그러데이션이라고도 하는데, 일정한 질서를 가진 자연적인 순서와 계열로써 기본적으로 유사한 일련의 흐름을 나타내는 것이다. 원근의 효과를 내는 시각적 원리라고 할 수 있다.

그림 8-9 | 점이의 원리를 적용한 그릇담기

3) 균형 balance

균형이란 점, 선, 면, 형, 크기, 방향, 재질, 색, 명도 등의 시각적인 힘에 의해 느껴지는 형태상의 정신적 안정감을 말하며, 균등한 힘은 무게weight와 방향direction에 의해 결정된다.

(1) 대칭적 균형symmetry

중앙의 축선을 기준으로 반으로 접어서 겹쳤을 때 모양이 일치하는 경우로, 안정적이고 위엄이 있으며 정적인 느낌을 준다.

(2) 비대칭적 균형asymmetry

형식상으로는 불균형하게 보이지만 시각적으로 정돈과 균형을 이루면서 안정감을 주고, 대칭적인 균형에 비해 동적이며 세련미가 느껴진다.

(3) 방사상 균형radial

중앙에 중심을 두고 주변으로 사물을 돌려 균형을 잡는 것으로, 사각 공간에서 신선함을 연출할 수 있다.

그림 8-10 | 균형의 원리를 적용한 그릇담기

4) 리듬rhythm

(1) 반복

동일한 요소가 두 개 이상 배열되어 통일된 질서의 미와 연속감 및 리듬감을 살리는 원리를 말한다.

(2) 점진

점층이라고도 하여 색과 형태가 차례로 변화하는 것을 말한다. 변화와 진보와 생명을 의미하는 것으로 반복보다 복잡하고 동적이며 진행성에서 유발되는 리듬감이 강하다.

(3) 교체

교체는 반복보다 한층 역동적인 효과를 내며, 요소와 요소 사이의 간격을 유지하고 강조하거나 약화시킬 때 필요하다.

(4) 대조

대조란 사각형에서 원형으로, 초록색에서 빨간색으로 그 즉시 바뀌는 것과 같이 갑작스러운 변화를 줌으로써 상반된 분위기를 조성하기 위해 형태와 색상을 배치하는 것을 말한다. 자극적이고 혼란을 초래할 가능성이 크다는 특징이 있다.

그림 8-11 | 리듬(반복 · 점진 · 교체)의 원리를 적용한 그릇담기

그림 8-12 | 리듬(대조)의 원리를 적용한 그릇담기

5) 대비 contrast

대비란 두 개의 명백히 반대되는 것 사이에 형성되는 감각상의 차이로 인해 비교되는 대조 현상을 말하며, 개성이 뚜렷하고 시각 효과가 강하다. 대비는 강한 명쾌함과 함께 서로 다른 성질이면서도 상호 쾌적함을 느끼게 할 수 있다.

6) 비례 proportion

비례란 크기大小와 길이長短의 비를 말한다. 균형과 밀접한 관계가 있으며, 똑같은 반복이나 균제와는 달리 변화와 질서를 동시에 부여한다. 비례를 통해 정적인 장중함을 나타낼 수 있으며 반대로 역동적인 율동감도 표현할 수 있다. 비례가 너무 단순하면 단조롭기 쉽고 너무 복잡하면 무질서하고 혼란스럽기 때문에 주의해야 한다.

그림 8-13 | 균형과 대비의 원리를 적용한 그릇담기

출처 : D업체 촬영, 저자 스타일링

7) 강조emphasis

강조란 사람의 주의를 집중시켜 시각적 만족을 제공하기 위해 그들을 자극하는 형태를 만들어내는 것으로, 주변의 조건에 따라 특정한 부분을 부각시켜 변화를 주는 원리이다. 강조의 요소는 끌어당기는 효과 때문에 구심성이나 유인성, 원심성이나 확산성이 있으며 강제성이 느껴지기도 한다. 따라서 강조 시에는 여러 가지 특성의 적절한 부분을 파악해야 단일화 또는 복합화를 표현할 수 있다.

그림 8-14 | 강조의 원리를 적용한 그릇담기

출처 : D업체 메뉴북 촬영, 저자 스타일링

5. 형태와 재질에 따른 그릇담기

접시의 형태와 재질에 따라 음식의 느낌이 달라지기 때문에 연출할 이미지의 구도를 미리 결정하여 가장 적합한 기본 도구를 선택해야 한다. 그릇담기는 먹는 사람에게 최상의 서비스를 제공하려는 마음, 음식을 보고 먹는 즐거움, 음식이 담긴 모습을 통한 감동을 줄 수 있어야 한다. 무작정 그릇에 담기만 해서는 이러한 목적을 달성할 수 없으므로 누가who, 누구와with whom, 언제when, 어디서where, 무엇을what, 왜why, 어떻게how 먹을 것인지를 고려하여 체계적으로 연출하도록 한다.

1) 형태에 따른 그릇담기

요리사는 접시라는 캔버스에 그림을 그리는 화가와 같다는 말이 있다. 형태에 맞는 접시의 선택은 어떠한 이미지를 연출하고자 하는지를 머릿속에 그린 뒤 그 이미지에 가장 부합하는 형태의 접시를 선택하는 것이 그 순서이다.

그림 8-15 | 다양한 형태의 식기

(1) 원형 접시

기본적인 접시로 가장 많이 활용한다. 편안함, 완전함, 부드러움 등 안정적인 이미지를 줄 수 있으나, 다소 진부해 보일 수 있다. 담는 음식의 색상이나 종류, 메뉴의 레이아웃에 따라 자유로우며 다양한 느낌의 연출이 가능하다.

(2) 사각형 접시

세련된 느낌의 정돈된 분위기로 창의적 표현에 어울리며 개성, 독특함, 현대적인 이미지 모던한 연출에 적합하다. 원형 접시에 비하여 안정감이 있으면서도 개성이 강한 느낌을 줄 수 있다.

(3) 삼각형 접시

전통적인 구도로 날카롭고 활동적이며 움직임이 강하여 강렬함이나 역동적인 이미지의 연출에 적합하다. 삼각형의 접시를 반대로 돌려 역삼각형 접시로 배치하면 강한 움직임을 연출할 수 있다.

(4) 타원형 접시

편안함, 부드러움, 우아함, 원만함, 섬세함, 신비감 등이 느껴지며, 안정된 이미지의 연출에 적합하다. 포근한 인상을 줄 수 있어 여성적인 이미지의 연출에 주로 쓰인다.

(5) 평행사변형 또는 마름모형 접시

운동감, 속도감, 평면적, 입체적, 기하학적인 느낌으로 젊고 경쾌한 이미지의 연출에 적합하다.

그림 8-16 | 원형과 타원형의 접시를 이용한 그릇담기

그림 8-17 | 직사각형과 정사각형의 접시를 이용한 그릇담기

그림 8-16 과 그림 8-17 은 원형과 사각형 접시를 활용한 그릇담기로, 원형은 편안하고 정돈된 느낌이며 사각은 원형에 비해 세련되고 현대적인 느낌을 준다.

2) 색과 재질에 따른 그릇담기

구분	formal, classic style	elegance style
색	흰색, 단색, 버건디, 네이비블루, 금색, 중후한 색	단색의 실크, 흰색, 핑크색, 꽃무늬의 흐린 파스텔 계열, 고전적인 보라색 계열
재질	유백색의 디너웨어, 명품의 본차이나 세트, 청화백자, 화려한 금장식의 칠기	흰색 · 금색 · 은색의 고급스럽고 섬세한 문양의 본차이나, 장식성이 풍부한 커트러리 세트
이미지	무게감, 남성적, 권위적, 전통적 이미지	전통적, 여성적, 격식을 갖춘 이미지
연출의 예		

구분	natural style	ethnic style
색	무지, 풀과 나무 등 자연의 색, 연한 베이지, 아이보리, 녹색 계열의 중간 톤으로 차분한 색	원색 계열, 짙은 나무색, 자연을 상징하는 색, 어두운 색, 탁한 적색
재질	소박한 디자인의 도기, 자연적 질감의 식기, 나무, 대나무, 등나무 등의 소박한 질감, 돌의 재질	천연목, 대나무 제품, 베트남 · 태국 등 이국적인 분위기의 식기, 무늬가 있는 금속 그릇이나 나무재질의 그릇
이미지	나무, 대나무, 잎, 줄기 등의 편안함, 자극적이지 않은 이미지	투박한, 거친, 강렬한, 이국적인, 민속신앙적인, 소수민족의, 신비로운 이미지
연출의 예		

구분	casual style	hard casual style
색	채도가 높은 원색, 체크나 다색을 사용한 프린트, 밝고 생기 있는 화려한 배색, 체크무늬, 줄무늬, 물방울무늬, 나무, 동식물을 표현한 프린트	강하고 깊은 다크 톤의 다색
재질	아크릴 및 플라스틱, 화려한 색상의 도자기, 1회용 식기도 무장, 스톤웨어stoneware	핸드메이드handmade 질감, 거칠게 조각한 느낌의 목기, 석기나 토기
이미지	귀여운, 명랑한, 활기찬, 경쾌한, 활동적인 이미지	활동적, 민속적, 힘찬, 씩씩한, 거친 이미지
연출의 예		 출처 : 한국인이 가장 사랑하는 음식 韓食, 전주 음식 50선, 저자 스타일링

구분	modern style	zen style
색	무채색, 백색과 흑색의 조합, 짙은 청록색	흰색과 검은색의 단색조 외의 밤색, 카키색, 겨자색, 보라색
재질	스테인리스스틸이나 유리 등의 광택이 느껴지는 식기, 차가운 느낌의 금속 식기	사각 나무쟁반, 나무젓가락, 칠기, 칠과 유리의 조합
이미지	현대적인, 합리적인, 기계적인, 이지적인, 인공적인, 전통에 구애받지 않는, 직선적인 이미지	동양적인 현대미, 은은하고 부드러운 질감의 자연스러움, 절제된 조형미
연출의 예		

그림 8-18 | 식기와 소품에 따른 다양한 그릇담기의 이미지

출처 : 죽순 요리 Ⅲ/Ⅳ, 저자 스타일링

그림 8-18 은 식기 및 테이블클로스와 음식의 조화에 따른 이미지이다. 좌측의 사진은 브런치 메뉴와 같은 간단한 음식을 담을 때 파란색 계열의 격자무늬와 단정하고 자연스러운 둥근 그릇을 사용하여 캐주얼casual한 느낌을 연출하였다. 가운데의 샌드위치는 갈색의 종이 재질을 강조하고 핸드메이드 커피 그라인더를 소품으로 배치하여 하드 캐주얼hard casual 이미지를 표현하였다. 우측의 베이글 샌드위치는 이국적인 치즈 플레이트를 사용하여 에스닉ethnic한 느낌을 강조하였다.

CHAPTER

09

푸드 이미지 크리에이션

09

FOOD STYLING

1. 아이디어 발상
2. 컨셉 선정
3. 아이템 선정
4. 이미지 연상
5. 밑그림 그리기
6. 수정과 보완

생리적 욕구를 충족시키는 수단이었던 음식을 이제는 개인의 개성으로 표현하고 관련 정보를 공유하며 취미로 활용하고 즐기는 시대가 도래하면서 요리 자체가 예술의 경지까지 도달하였다. 이에 따라 그릇담기의 중요성이 더욱 강조되고 식자재의 선별 및 조리법의 활용에 따른 상태 변화, 그릇담기 후의 담음새 등을 정리하고 기록하는 기술력記述力이 요구되고 있는 추세이다.

푸드 이미지 크리에이션food image creation은 식공간의 이미지, 고객의 컨셉, 식자재의 종류와 조리법, 조리된 음식을 담을 식기, 연출법, 서비스 방법까지 조리사가 생각한 음식을 연상하여 도식화하는 방법이라 할 수 있다. 이러한 방법은 조리사의 태도, 식자재를 다루는 기술, 마지막 담음새에까지 영향을 미쳐 주의집중을 돕고 실수를 반복하지 않게 한다. 푸드 이미지 크리에이션은 다음과 같은 과정을 거친다.

1. 아이디어idea 발상

푸드 이미지 크리에이션을 위한 첫 번째 단계는 아이디어의 발상 단계이다. 아이디어 발상법은 사회자가 문제를 알고 자유롭게 토론을 이끌다가 문제의 핵심이 표출되면 깊게 토론하는 고든법Gordon method, 서로 아무런 관계가 없는 몇 개의 요인을 어떤 방법으로 하나의 의미 있는 것으로 통합하는 시네틱스Synetics method, 상품을 구성하는 중요한 속성을 열거하여 아이디어를 도출하는 속성열거법, 자유분방한 아이디어의 진행과 냉정한 판단을 이용하는 go-stop법, 항목별로 체크리스트를 만들어 해결점을 찾아 아이디어를 찾아내는 체크리스트법checklist method 등 다양하다. 특히 브레인스토밍brain storming은 가장 창의적인 발상기법으로 꼽힌다. 원래는 광고와 관련된 아이디어를 내기 위한 회의방식에서 비롯된 것인데, 다음과 같은 규칙을 가진다. 첫째, 비판하지 말 것, 둘째, 질보다 양을 중시할 것, 셋째, 다른 사람의 아이디어를 마음껏 활용할 것 등이다. 회의 시간에 나온 아이디어를 모두 기록하여 아이디어의 평가와 선택, 전개와 발전, 실현성을 검토한 후 합격점에 든 아이디어를 결정하는 방법으로, 푸드 스타일링 작업을 팀을 이루어 진행할 경우 짧은 시간에 많은 아이디어를 팀원들과 공유할 수 있어서 가장 권장되는 발상법이다.

2. 컨셉concept 선정

하고자 하는 요리가 어떠한 특성을 살려서 어떠한 의미를 부여할 것인가 하는 컨셉의 선정이 중요하다. 이때 사람과 T.P.Otime, place, occasion를 떠올려 누가 먹을 것이며, 언제 식사할 것이며, 어디서 할 것이며, 어떠한 목적인지를 꼼꼼하게 살피는 것도 컨셉을 선정하는 데 도움이 된다.

3. 아이템item 선정

만들고자 하는 음식의 주제에 따른 아이템을 선정한다.

1) 트렌드 아이템trend item

시골 밥상, 자연 음식, 채소 음식, 향토 음식, 지역 특산물, 유기농 식품, 컬러 푸드 등은 시대상을 반영한 트렌드 아이템이다.

2) 식문화 아이템food culture item

한 국가를 대표하는 음식 아이템이 이에 해당된다. 예를 들어 일본의 초밥과 생선회, 이탈리아의 피자와 파스타, 미국의 패스트푸드, 베트남의 라이스페이퍼와 쌀국수, 영국의 피쉬&칩스, 한국의 비빔밥과 김치 등이 있다.

그림 9-1 | 서양의 지역 특산물

3) 계절 아이템 season item

봄을 대표하는 봄나물과 춘곤증 예방식, 여름의 더위를 이길 수 있는 냉커피 · 화채 · 삼계탕 등의 보양식, 가을의 송편 등 추석 음식, 겨울의 크리스마스 음식과 따뜻한 오뎅탕 등이 대표적인 계절 아이템에 해당한다.

4) 조리법 아이템 cooking method item

데치기, 삶기, 튀기기, 굽기, 찌기 등의 메뉴 조리법에 근거한 아이템이다.

그림 9-2 | 도구를 이용한 연출

5) 도구 아이템 utensil item

아이스크림 촬영 시에 스쿠프scoop를 곁들인다거나, 다이어트 음식의 배경과 어울리는 저울, 그리고 다식과 다식틀, 튀김과 거름망, 빵과 계량컵, 감자와 필러peeler, 레몬과 제스터zester, 샌드위치와 유산지 등은 잘 어울리는 궁합이다.

6) 식자재 아이템 food material item

커피와 쿠키, 홍차와 애프터눈 티세트, 치즈와 와인 등은 서로 연관성이 있는 아이템들이다.

그림 9-3 | 식자재를 이용한 연출

4. 이미지 연상

메뉴명 – 메뉴에 사용할 식자재 – 조리법 – 조리 후 사용할 식기 – 토핑을 이용한 그릇담기의 이미지를 연상한다.

5. 밑그림 그리기

연상한 이미지에 대한 밑그림을 그린다. 밑그림은 최대한 자세하게 기술하는 것이 좋다. 소스의 색이나 마지막 가니쉬, 가드망제까지 꼼꼼히 기록한다.

다음과 같이 밑그림을 그리면서 식자재의 조리법에 따른 변화, 사용할 식기와 배치 순서 등을 생각하고 이를 기준으로 완성품을 만들어 간다.

그림 9-4 | 푸드 이미지 크리에이션의 밑그림 그리기와 그릇담기 1

그림 9-5 | 푸드 이미지 크리에이션의 밑그림 그리기와 그릇담기 2

6. 수정과 보완

수정과 보완을 거쳐 그릇담기를 완성한다.

그림 9-6 | 푸드 이미지 크리에이션의 수정과 보완

아이디어 발상 → 컨셉 선정 → 아이템 선정 → 이미지 연상 → 밑그림 그리기 → 조리 → 그릇담기 → 수정과 보완

그림 9-7 | 푸드 이미지 크리에이션의 과정

표 9-1 | 푸드 이미지 크리에이션의 실습 시트sheet

일시		푸드 스타일리스트	
아이디어		컨셉	
아이템		스타일	
메뉴명			
식자재	• 주재료 : • 소스 : • 가니쉬 :		
조리법	※ 조리 후 식자재의 변화를 학습할 수 있다.		
밑그림과 완성 사진			
푸드 스타일링 참고	※ 표현 방법을 최대한 상세하게 기술한다.		
기대 효과			

CHAPTER 10

양식 그릇담기의 실제

10

FOOD STYLING

1. 서양 음식의 색채
2. 소스를 이용한 양식 꾸미기
3. 양식 그릇담기의 기초
4. 유형별 그릇담기의 실제
5. 양식 푸드 스타일링 실습

1. 서양 음식의 색채

사이드 메뉴나 가니쉬로 쓰이는 식재료의 색은 주 메뉴의 맛이나 영양적인 보조의 역할을 담당할 뿐 아니라 시각적으로도 매우 중요한 프레젠테이션의 역할을 수행한다. 따라서 각각의 컬러별 식재료를 이해하고 활용하는 것은 푸드 스타일링의 기초라 할 수 있다. **표 10-1**은 사이드 메뉴나 가니쉬로 쓰일 경우 서로 잘 어울리며 상호 보완적인 역할을 하도록 연결한 예이다.

표 10-1 | food color chart

red foods	orange foods	yellow foods	green foods	brown foods	purple-scarlet foods	white foods
사과	도토리acorn 와 서양호박 butternut squashes	사과	물방울 모양의 서양배 anjou pears	보리	비트	사과
비트beets	살구	바나나	사과	까망콩	보이젠베리 boysenberries	죽순
오렌지 blood orange	캔탈로프 멜론 cantaloupes	바틀렛 배 bartlett pears	아티쵸크	블랙베리	양상추	바나나
서양배 bosco pears	당근	버터	아스파라거스		크랜베리	숙주나물, 콩나물 bean sprouts
캐비어caviar	체더 치즈	치즈	아보카도	블루베리(속)	가지	카사바멜론 casaba melon
체리	귤clementines	배 comice pears	바질	캐비어	무화과	콜리플라워
게	머스크 멜론	옥수수	브로콜리	초콜릿	포도	셀러리악 celeriac
건포도 currants	금귤 kumquats	그레이프프루트 grapefruits	미니양배추 brussels sprouts	코코넛 껍질	자두	코코넛
에담치즈 edam cheese rinds	망고	레몬	양배추	크루통 croutons	보라색 배	말린 흰콩
폰티나 치즈 fontina cheese rinds	복숭아 nectarines	망고	셀러리	가지	래디쉬	엔다이브 endive
하우다치즈	오렌지	파인애플	오이	무화과	적양배추	생선 살 fish fillet

랍스타	파파야	순무turnips and rutabagas	펜넬fennel	튀김류 fried foods	붉은 양파	부추파 leeks(속)
자몽pink grapefruit	복숭아	까치콩 wax beans	무화과	구운 양파		리치 lichees
자두	멜론persian melons	노란 파프리카 yellow bell peppers	구즈베리 goosberries	포도		버섯
석류 pomegranates	단감	노란 호박 yellow squashes	포도	키위(껍질)		양파
래디쉬	서양 호박	노란 토마토	그린 파프리카 green bell peppers	렌틸		파스닙 parsnips
빨간 파프리카	오렌지 tangerines		로메인, 꽃상추 escarole	버섯		감자
빨간 엔다이브			멜론 honeydew melons	홍합 mussels		쌀
빨간 잎 채소			키위	견과류		샬롯scallion bulbs
빨간 렌틸			부추파	올리브		가리비 scallops
적양파			라임	서양 자두 prune plums		순무turnips
적도미 red snapper			올리브	자두		마름water chestnuts
대황rhubarb			파슬리	건포도		흰 래디쉬
연어			완두콩꼬투리 pea pods	서양배 seckel pears		
새우			콩	트러플		
딸기			피스타치오 너트	밀알wheat berries		
토마토			봄양파 scallions			
수박			시금치			
			완두콩			
			물냉이 watercress			
			수박			
			겨울 멜론			
			호박			

첫 번째 컬러는 노랑, 빨강, 파랑이며, 두 번째 컬러는 오렌지색, 초록색, 보라색이다. 따라서 빨강과 파랑을 함께 쓰려면 초록색을 사용하고, 파랑과 노랑을 연결할 때도 초록색이 좋다.

그림 10-1 의 도형에서 마주보는 컬러는 서로 보완하는 역할을 한다. 예를 들어 노란색은 보라색을 돋보이게 하고 빨간색은 초록색을, 파란색은 오렌지색을 돋보이게 한다.

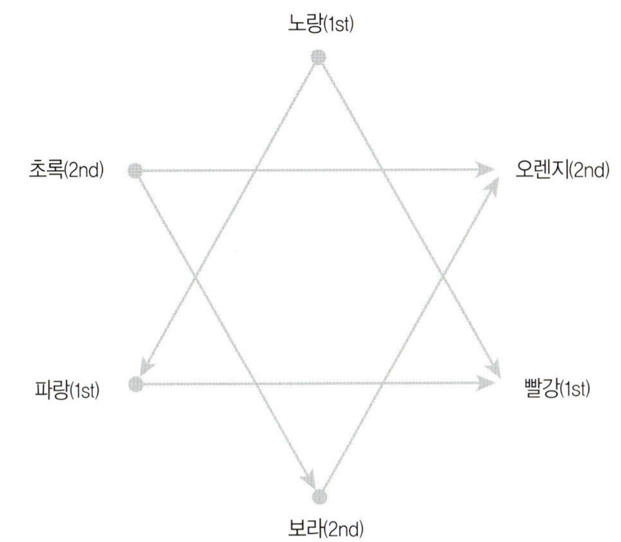

그림 10-1 | 색의 관계

2. 소스를 이용한 양식 꾸미기

소스sauce의 어원은 '소금을 기본으로 한 조미용액' 을 의미하는 라틴어의 '살사Salsa' 에서 유래되었다. 프랑스와 영국과 일본에서는 'sauce', 이탈리아와 스페인에서는 '살사salsa', 독일에서는 'sosse', 중국에서는 'zhi', 인도에서는 'chant' 라고 부른다.

1) 소스의 역할

소스는 요리의 맛과 영양, 향기, 형태, 색과 농도를 결정할 뿐 아니라 소화작용을 돕기도 한다. 또한 조리과정 중 재료들을 서로 결합시키는 역할을 한다.

양식에서 소스를 뿌리는 가장 기본적인 목적은 첫째로 요리에 향미를 더하는 것이다. 예를 들어 특정한 식재료와 잘 어울리는 소스 가운데 닭육수로 만든 치킨 벨루테velouté를 졸여 크림으로 만든 슈프림supreême 소스는 깊은 닭고기의 향미와 부드러운 질감을 가지고 있다. 이 소스는 닭고기와 함께 제공될 때 닭고기의 향미를 강조해 주는 보조 역할을 하며 소스의 크림은 닭의 향미를 부드럽게 살려준다.

두 번째 소스의 역할은 요리에 수분을 공급해 준다. 가금류나 생선 또는 그릴이나 소테처럼 물이 없는 조리방법을 사용할 때에 촉촉함을 보완해 준다. 버터를 이용한 소스를 곁들이면 요리의 부드러움을 배가할 수 있다.

마지막으로 소스는 시각적인 아름다움을 더해준다. 윤기를 더해줌으로써 요리의 표면을 아름답게 다듬어주기도 한다. 때론 이러한 방법으로 조리 시 고기가 타는 등의 실수를 했을 경우 적당히 감춰주는 역할도 꾀할 수 있다. 육즙 소스를 이용하여 고기를 덮듯이 소스를 부으면, 접시에서 보다 시각적인 만족감을 높일 수 있다.

이 밖에 소스를 사용함으로써 질감에 있어 색다른 포인트가 되기도 하고, 주요리와는 다른 컬러의 사용으로 시각적인 악센트의 역할을 담당하기도 한다.

2) 색에 따른 소스의 종류

서양 요리에서의 소스는 요리에 색을 더하여 시각적인 만족감을 높여줄 수 있다. 어떠한 종류의 소스를 사용할 것인가는 메인요리와의 조화가 우선적으로 고려되어야 하고, 특히 푸드 스타일링 작업 시 소스의 색에 대한 기본적인 이해가 필요하다.

표 10-2 | 색에 따른 서양 소스의 분류

색	모체 소스	만드는 법
갈색	demi glace sauce	브라운 스톡을 농축시켜 만든 소스
흰색	베샤멜bechamel sauce	우유와 화이트 루로 만들며 주로 닭요리, 생선요리에 사용
블론드 색	벨루테veloute sauce	생선스톡, 닭육수 등을 만드는 소스로 주로 생선요리, 닭요리에 사용
적색	tomato sauce	토마토와 육수로 만들며 피자, 파스타에 주로 사용
노란색	hollandaise sauce	달걀노른자와 버터로 만들며 주로 생선요리, 샐러드에 사용

3) 소스 연출법

소스를 연출하는 방법은 크게 3가지로 나눌 수 있다. 메뉴 위에 연출하는 방법과 메뉴 아래에 연출하는 방법, 그리고 소스를 메뉴에 뿌리지 않고 곁들여 내는 형태가 있다.

그림 10-2 | 소스 연출법

뿌려진 소스의 형태에 따라 중앙중심형, 회오리형, 도트형, 직선형, 흩뿌림형 등으로 나눌 수 있으며, 그 밖에도 다양한 응용법이 있다.

그림 10-3 | 검은색 소스를 이용한 중앙중심형

출처 : S업체 메뉴북 촬영, 저자 스타일링

그림 10-4 | 흰색 소스를 이용한 사이드형

출처 : 재외공관 오만찬 가이드북, 저자 스타일링

그림 **10-5** | 다양한 선을 이용한 소스 연출법

그림 **10-6** | 굵은 곡선을 이용한 소스 연출법

그림 **10-7** | 굵은 소스를 이용한 직선형

그림 **10-8** | 톤에 따른 갈색 소스를 이용한 흩뿌림형

3. 양식 그릇담기의 기초

1) 전채

(1) 아뮤즈 부슈amuse bouche와 오르되브르hors d' oeuvre

음식의 전형적인 서두로 제공되며 한 입 또는 두 입에 먹을 수 있을 정도의 크기로 만든다. 손가락으로 먹거나, 포크를 사용해야 하는 경우도 있으나 나이프를 사용하는 경우는 극히 드물다. 아뮤즈 부슈는 무엇보다도 식욕을 자극할 수 있도록 시각적인 만족에 신경을 써야 한다. 전통적인 오르되브르의 메뉴도 양을 늘려 애피타이저로 제공하기도 한다.

오르되브르를 담을 때에는 그날 제공되는 다른 메뉴와의 조화와 행사의 성격에 맞춰 담아야 한다. 흔히 칵테일 새우 같은 해산물이나 캐비어 등은 얼음조각이나 얼음으로 만든 그릇에 담는다. 이때 얼음물이 잘 빠질 수 있도록 주의하고, 얼음조각이 그릇 위에서 넘어지지 않도록 안정감 있게 담아야 한다.

(2) 애피타이저appetizer

대개 음식의 첫 코스로 제공되며 한입 크기의 형태로 제공된다. 파테나 마늘 버터로 조리한 에스까르고는 인기 있는 애피타이저이다. 애피타이저는 적은 양으로 제공하되 맛있는 음식으로 만들며 이 코스를 시작으로 식욕을 돋우는 역할과 동시에 식사하는 사람들에게 오늘의 코스에 대한 기대감을 심어 줄 수 있어야 한다.

채 썬 감자를 국자로 형태를 잡아 튀겨 그릇으로 이용하는 경우 바삭한 감자의 식감과 함께 프레젠테이션의 아름다움을 표현할 수 있어 자주 이용된다.

애피타이저에는 신선한 허브나 다른 양념을 너무 많이 사용하는 것은 피한다. 다음 코스요리에 영향을 미칠 수 있기 때문이다. 또한 곁들임은 최소한으로 유지하며 접시는 제공되는 요리의 종류에 따라 차갑게 혹은 따뜻하게 준비한다. 음식을 제공할 때 위생엄수는 기본이지만, 특히 애피타이저에서는 더욱더 청결에 주의를 기울여야 한다. 애피타이저는 전체 식사 코스요리를 위한 감동의 시작이기 때문이다.

2) 수프soup

포타주potage는 루roux를 이용하여 만든 수프이다. 루는 소스나 수프 그리고 스튜를 걸쭉하게 만들 뿐 아니라 요리에 특별한 향미를 더해 준다. 걸쭉한 수프는 데우는 동안 계속해서 더 걸쭉해진다. 따라서 농도에 유의해야 하고 반대로 너무 묽을 경우에는 소량의 전분을 물에 타서 걸쭉하게 푼 것을 넣어 다시 한 번 끓여 농도를 맞춘다.

맑은 수프broth는 콩소메consommé와 같은 맑은 종류의 수프이다. 콩소메는 맛이 진하고 완벽하게 맑은 것이 특징이다. 맑은 수프는 미리 끓여서 준비한 다음 한소끔 식혀 냉장고에 넣어 보관하다가 수프를 데우기 바로 전에 표면에 떠 있는 기름을 종이 타월 등을 이용하여 제거한다.

뜨거운 수프는 아주 뜨겁게 제공되어야 한다. 맑은 수프는 납작하고 넓은 접시보다는 컵에 주로 담는다. 차가운 수프는 완전히 식혀 차가운 컵이나 볼, 또는 유리컵에 담는다.

3) 채소 요리vegetable plate

채소는 신선한 것을 선택해야 한다. 일반적으로 멍이 들거나, 곰팡이가 슬거나, 이파리 등이 갈색으로 변했거나 물렀거나 벌레 먹은 흔적이 없는 것이 좋고, 각각의 종류에 따라 적당한 컬러와 질감을 가지고 있어야 한다.

신선한 야채를 구하고자 할 때에는 제철 채소를 이용하는 것이 정답이다. 비닐하우스 재배 등을 통하여 연중 구입이 가능한 채소들이 많아졌지만, 제철 채소만큼 영양이 높고 싸며 싱싱한 것을 구입할 수는 없다.

채소 요리는 육류와 어류에 곁들여 사용하는 경우가 많다. 대부분의 따뜻한 채소 요리는 팬 프라이pan frying과 찜steaming의 조리법을 이용한다. 차가운 채소 요리는 샐러드salad가 대표적이며, 채소를 곁들인 생선과 육류 카르파초carpaccio 등도 있다.

4) 생선 요리 fish plate

생선이 건강에 좋다는 사실이 많이 알려지면서 생선 요리에 대한 관심도 증가 하고 있다. 따라서 다양한 종류의 생선에 대해 잘 파악하고 있어야 하며, 신선한 생선을 고를 수 있는 능력부터 갖춰야 한다.

생선은 4℃ 이하의 온도에서 수령하는 것이 좋다. 생선의 비늘은 생선에 단단하게 붙어 있어야 한다. 생선살은 눌렀을 때 탄력 있게 반응해야 하고, 눈은 맑고 밝고 볼록한 것이 좋다. 아가미는 밝은 핑크색에서 밤색이어야 하며, 점액이 있을 경우에는 맑아야 한다. 생선은 바다의 신선한 냄새가 나야 하며, 악취가 나는 것은 이미 상한 것이다. 어패류는 과열over heating에 주의한다. 갑각류는 먹기 좋게 미리 절단하고 어류는 뼈가 없는 살을 사용한다.

어패류의 구분은 대구 · 광어 · 도미 · 은대구 · 메로 등의 흰살 생선과 연어 · 방어 · 참치 등의 붉은살 생선으로 나눌 수 있다. 또한 패주 · 굴 · 대합 등의 조개류와 대게 · 바닷가재 등의 갑각류, 그리고 문어 · 오징어 등의 연체동물이 어패류에

표 10-3 | 생선 요리의 재료

월	생선과 해산물
1월	생톳(~7월), 숭어(~4월), 새조개(~2월)
2월	봄멸치(~6월)
3월	가리비(~6월), 미역(~5월), 꽃게(~6월), 청어(~5월), 도미(~5월), 쏘가리(~4월)
4월	우뭇가사리(~6월), 재첩(~8월), 바지락(~10월), 주꾸미(~5월), 병어 · 미더덕(~7월), 파래(~5월), 성게(~8월)
5월	멍게(~8월), 참조기(~6월)
6월	농어(~8월), 붕장어(~7월), 전복(~8월), 가물치(~9월)
7월	다시마(~10월), 오징어(~11월), 고등어(~10월), 민어 · 은어(~8월)
8월	장어(~11월)
9월	가을 멸치(~10월), 낙지(~10월), 대하(~1월), 꽃게(~11월), 정어리(~10월), 연어(~10월), 가자미(~2월), 전어(~11월), 갈치(~11월)
10월	꽁치(~11월), 미꾸라지(~11월)
11월	꼬막(~2월), 문어(~1월), 복어(~2월), 삼치(~4월), 홍어(~12월), 임연수어(~2월), 아귀(~12월), 굴(~3월), 옥돔(~4월)
12월	김(~2월), 매생이(~3월), 소라(~4월), 방어(~2월), 대구(~2월), 병어(~2월), 빙어(~3월), 광어(~2월), 해삼(~1월), 메기(~3월), 잉어(~3월)

속한다. 어패류는 grill, pan frying, sauté, steaming, braising, soup, stew 등의 방법으로 조리한다.

5) 고기 요리 meat plate

고기는 broil, grill, pan frying, steaming, braising, stew의 방법으로 조리한다. 기본적으로 고기는 공기와 접촉하는 면이 넓을수록 신선도가 빨리 떨어지므로 덩어리째 구입하여 필요한 만큼 잘라 쓰는 것이 좋으며, 미리 잘라 두면 육즙이 빠져나와 맛이 없어지고 상하기 쉬우므로 조리하기 바로 전에 썬다. 냉동 고기를 사용할 때는 육즙이 흘러나오지 않도록 냉장실에서 천천히 해동한다. 조리 시 고기의 고소한 맛과 육즙의 손실을 막으려면 센 불에서 가급적 짧은 시간에 빨리 구워야 하며 식기는 반드시 40℃ 정도로 예열되어 있어야 한다.

고기 요리는 공기가 닿으면 색깔이 변하고 가장자리가 딱딱해지기 때문에 어떻게 그릇담기를 할지 고민하다가는 금세 맛을 잃게 된다. 따라서 연출할 스타일을 미리 구상하여 지체 없이 스타일링까지 마무리해야 한다.

6) 곡류 요리 grains and flours plate

쌀과 보리 같은 통곡물과 옥수수가루, 밀가루 등을 모두 곡류라 한다. 곡류는 곡식의 열매와 씨이다. 밀과 옥수수는 서양의 주식이다. 리조또risotto 같은 쌀요리와 파스타pasta 같은 면요리가 대표적인 서양의 곡류 요리라 할 수 있다.

7) 후식 dessert

후식은 식사 후에 먹는 음식으로 과일, 음료, 아이스크림, 과자류 등이 있으며 식사를 마무리한다는 의미에서 그릇담기와 연출이 특히 돋보여야 하는 부분이다. 최대한 여백을 살리면서 신선함, 청량감, 달콤함 등을 충분히 표현하도록 한다.

4. 유형별 그릇담기의 실제

1) 전채 요리

(1) 아뮤즈 부슈

음식이 식기의 30% 이내를 차지하도록 담고 가능한 한 적은 양을 1인분씩 서비스할 수 있도록 준비한다. 가볍고 부담감이 적은 음식으로 디자인하며, 색의 조화를 이루고 식자재의 재질감을 일치시켜 통일감을 주면서 볼륨감이 느껴지도록 담는 것이 중요하다.

그림 10-9 | 아뮤즈 부슈의 그릇담기

(2) 애피타이저

식욕을 자극하기 위해 다양한 색상을 이용해 화려한 느낌을 주는 것이 많다. 특히 붉은색과 흰색의 식자재, 녹색 계열의 식자재의 적절한 배합이 필수적이다. 토핑으로는 무거운 느낌이 없이 얇고 가늘며 잎 모양의 윤곽이 뚜렷한 식자재를 많이 사용한다.

그림 10-10의 왼쪽 사진은 해산물 카르파초로 새우, 문어, 가리비 등을 먹기 좋게 자르고 토마토, 양파 등과 함께 마리네이드marinade를 하여 투명한 식기에 담아 차가운 이미지cold image를 연출하였다.

그림 10-10 의 오른쪽 사진은 복숭아와 채소peach & vegetable 카르파초로 복숭아와 순무 등의 채소를 이용해 토마토퓌레와 함께 만들어 시원하게 먹는 요리이며, 식기에 100g 정도만 담았다.

그림 10-10 | 애피타이저의 그릇담기

2) 수프

수프 역시 많은 양을 담지 않는다. 운두가 깊은 수프 볼을 사용할 경우 1/2 정도만 담고 위에 크루통croûton, 크레송cresson과 같은 허브나 점성이 있는 소스 등을 올려 부피감과 다채로운 느낌을 연출한다. 콩소메와 같은 맑은 수프는 건더기가 보이도록 담아야 한다. 콩소메는 잎채소를 토핑으로 주로 사용한다.

그림 10-11 | 수프의 그릇담기

그림 10-11 은 감자수프potato soup와 당근 무스의 그릇담기 연출법으로, 운두가 낮은 그릇에 베이컨 칩과 차이브chive를 토핑으로 사용하였다.

그림 10-12 | 채소 요리의 그릇담기

3) 채소 요리

채소의 녹색 이미지는 흰색 접시와 가장 잘 어울리며, 청정하고 신선한 느낌을 연출하는 것이 중요하다. 채소를 강조하려면 붉은색 계열의 과일과 매치하거나 다양한 조리법을 활용하여 양감을 살려야 한다.

그림 10-12 는 각종 채소를 혼합하여 살짝 구운 요리roasted vegetables로, 시즐sizzle 효과가 식감을 자극한다. 언뜻 보면 다소 무질서한 느낌이지만 동색 계열의 반복으로 통일감을 주고 있다. 바닥에 부피감이 있는 채소들을 놓고 위에 가늘고 얇은 채소를 얹은 다음 토핑으로 치즈를 올렸다.

4) 생선 요리

그림 10-13 의 왼쪽 사진은 구운 정어리와 녹색 채소roasted sardine & green vegetables를 입체감 있게 담은 모습이다. 채소의 부피와 모양을 이용하여 리듬감을 주고 긴 생선을 동그랗게 말아 사각 식기와 조화를 연출하였다. 흰색의 무와 주황색의 당근을 슬라이스하여 가니쉬로 사용하였다. 접시의 여백을 충분히 살리고 주요리만을 강조한 그릇담기의 예이다.

그림 10-13 | 생선 요리의 그릇담기

그림 10-13 의 오른쪽 사진은 원형의 흰색 식기에 구운 생선을 가로로 길게 놓고 이를 중심점으로 하여 좁은 반경을 그리면서 가니쉬를 가볍게 배치한 그릇담기이다. 녹색과 밝은 노란색을 주요 색상으로 연출하였다.

5) 셔벗sherbet과 소르베sorbet

소르베는 서양의 정찬 코스에서 입맛을 새롭게 하기 위해 앙트레와 로스트 요리의 중간에 제공된다. 식사 중에 나오는 셔벗은 약간의 술을 이용하여 얼린 것이 많고 단맛은 적다. 셔벗이 디저트로 나올 때에는 단맛이 더 강하게 나며, 비스킷류를 곁들이면 효과적이다.

셔벗과 소르베의 차이는 우유 첨가의 여부에 따라 구분한다. 소르베는 우유를 넣지 않는 것으로 셔벗보다 부드럽다.

그림 10-14 | 셔벗과 소르베의 그릇담기

그림 10-14 는 인삼소르베를 연출한 것으로 시원한 느낌을 전달하기 위해 글라스에 담았으며 청량감을 주기 위해 토핑으로 애플민트를 사용하였다. 인삼을 이용한 디저트임을 간접적으로 알리기 위해 조린 인삼으로 마무리하였다.

6) 고기 요리

고기가 메인 요리로 제공될 경우 안쪽 원 안의 70% 정도만 음식으로 채우고, 소스와 가니쉬의 색을 잘 조합한다. 소스는 최고의 미적 효과를 높일 수 있는 도구이므로 다양한 연출법을 시도하여 실전에 응용해 볼 수 있다.

곁들이는 가니쉬는 볼륨감을 주면서 큰 덩어리에 작은 가니쉬들이 조화롭게 연결될 수 있도록 디자인한다.

그림 10-15 | 고기 요리의 그릇담기

그림 10-15 는 둥근 흰색 식기의 안쪽 원을 충분히 활용한 그릇담기의 예이다. 닭가슴살 테린terrine을 삼각형으로 만들어 바깥쪽 원의 세모 무늬와 리듬감을 이루고 있으며, 조리 시 사용한 갖가지 견과류와 건과류dry fruit를 가니쉬로도 활용하였다. 특히 바질 페스토와 올리브유를 이용한 소스 데커레이션은 한 그릇 가득 음식이 담겨 있는 듯한 느낌을 준다. 올리브유에 버무린 그린 샐러드도

그림 10-16 | 식기의 모양에 따른 고기 요리의 그릇담기

요리의 풍성함을 더해 준다.

그림 10-16 은 같은 음식을 원형 식기와 사각형 식기에 각각 다른 형식으로 담은 모습이다. 왼쪽 사진은 가니쉬를 골고루 분산시켰고 오른쪽은 고기와 가니쉬를 그룹핑하였다. 두 방법 모두 고기를 중심에 두는 것을 기본으로 연출하였다.

고기 요리는 주로 눕혀서 담지만 가니쉬와 함께 세우는 경우에는 **그림 10-17** 과 같이 여백을 최대한 살려 식기의 중앙에 세팅하는 것이 좋다.

그림 10-17 | 고기를 중앙에 세운 그릇담기

7) 프리모 피아또primo piatto

리조또risotto나 파스타pasta와 같은 프리모 피아또를 담을 때는 운두가 있는 파스타기를 사용하는 경우가 많으며, 이때 적정량을 담도록 주의한다. 볼륨감을 살리고 큰 덩어리에 작은 가니쉬들이 조화롭게 연결되도록 디자인한다.

그림 10-18 | 프리모 피아또의 그릇담기

그림 10-19 | 찬 음료의 연출

8) 음료

주로 프루트 펀치, 과일주스 등 싱싱한 고급 식재를 사용한 음료와 펀치punch류로 리큐르를 혼합한 음료 등이 찬 음료cold beverage로 제공된다. 뜨거운 음료hot beverage는 녹차, 커피, 홍차 등을 제공한다. 이때 찬 음료는 투명한 유리글라스에 제공하고, 뜨거운 음료는 본차이나류의 찻잔에 제공하여 온도감을 살리며 T.P.O에 맞는 식기 제공과 연출을 한다.

5. 양식 푸드 스타일링 실습

1) 스콘

재료 및 분량

박력분 175g, 베이킹파우더 6g, 버터 45g, 우유 60g, 달걀 20g, 설탕 30g

만드는 법

① 박력분과 베이킹파우더는 체를 친다.

② 버터를 주사위 모양으로 썰어 체 친 가루와 혼합하여 보슬보슬한 상태로 만든다.

③ 달걀과 우유에 설탕을 넣어 거품이 나지 않게 섞는다.

④ 한 덩어리가 되면 1.5cm로 밀대로 밀어 지름 5cm의 원형 틀로 찍어 달걀물을 바른다.

⑤ 180/160℃로 예열한 오븐에서 15~20분간 굽는다.

사용식기 및 이미지

흰색 도자 식기 사용. 홍차와 함께 스타일링 함으로써 티푸드Tea-food임을 강조했다.

그림 10-20 | 스콘

그릇에 담을 때 주의점

스콘scone이 건조해 보이지 않기 위해 중간에 크림을 채우고, 찻잔에 스콘을 묻히지 않도록 주의한다.

: 고명

스콘의 단면을 강조하기 위해 윗면에는 고명을 사용하지 않고, 중간에 건블루베리와 크림을 채워 넣었다.

2) 오렌지 셔벗과 아몬드 튀일

: 재료 및 분량

- 오렌지 셔벗 : 오렌지 2ea, 레몬 1ea, 설탕 20g
- 아몬드 튀일 : 슬라이스 아몬드 80g, 달걀흰자 65g, 설탕 60g, 녹은 버터 25g, 아몬드가루 5g

: 만드는 법

① 오렌지 셔벗

- 오렌지와 레몬은 위쪽 1/3 지점을 칼로 썬 다음 숟가락을 사용하여 속살을 파낸다.
- 속살은 즙을 낸다.
- 오렌지즙과 레몬즙, 설탕을 섞고 설탕이 녹게 잘 저어준 뒤 냉동실에서 얼린다.
- 2시간 뒤 포크로 전체적으로 긁어준 뒤 다시 얼리기를 2번 반복한다.

② 아몬드 튀일

- 슬라이스 아몬드는 프라이팬에서 살짝 굽는다.
- 달걀흰자에 설탕을 넣고 거품이 많이 나지 않게 천천히 젓는다.
- 녹은 버터를 조금씩 부어가며 섞는다.
- 아몬드가루를 넣고, 구운 슬라이스 아몬드를 넣어 반죽을 완성한다.
- 숟가락으로 1T씩 오븐 시트에 원형으로 펴 바른다.
- 170/150℃의 오븐에서 12~15분간 굽는다.

: 사용식기 및 이미지

흰색 도자 식기 사용. 은색의 띠가 둘러져 있는 식기를 사용함으로써 클래식한 느

그림 10-21 | 오렌지 셔벗과 아몬드 튀일

낌을 나타내었고, 고급스러움을 표현하였다.

그릇에 담을 때 주의점

셔벗이 녹아 아몬드 튀일을 눅눅하게 할 수 있으니 주의한다.

고명

오렌지 셔벗에는 민트잎을 얹어 시원하고 신선함을 주었고, 오렌지 셔벗과 아몬드 튀일 사이에 초콜릿 데코를 함으로써 톤을 연결시켰다.

3) 바닷가재찜

재료 및 분량

- 바닷가재 1마리, 아스파라거스 1ea, 영양부추 10g, 콜라비 30g, 소금 2g, 후추 약간
- 갈릭버터소스 : 버터 15g, 화이트와인 10g, 다진 마늘 6g, 다진 양파 10g, 생크림 30g

⁝ 만드는 법

① 바닷가재는 끓는 찜기에서 4분간 찐다.
② 찐 바닷가재는 꼬리 쪽의 살을 발라내어 3~4조각으로 썬다.
③ 콜라비kohlrabi는 채 썬 뒤 영양부추와 혼합한다.
④ 아스파라거스는 팬에서 살짝 굽는다.

⁝ 사용식기 및 이미지

녹색의 도자 식기 사용. 내추럴한 이미지를 표현하였고, 붉은색의 바닷가재와 대비되는 색의 식기를 사용함으로써 주재료를 강조하였다.

그림 10-22 | 바닷가재찜

⁝ 그릇에 담을 때 주의점

소스의 위치를 잘 잡아 윗면의 여백을 살려 여유감을 주도록 한다.

⁝ 고명

샐러드와 바닷가재 사이에 아스파라거스를 사용함으로써 연결된 느낌을 주었다.

4) 삼치구이

재료 및 분량

- 삼치 1/2마리, 브로콜리 30g, 컬리플라워 30g, 두부 40g, 올리브오일 20g, 소금 2g, 후추 약간
- 마요소스 : 마요네즈 30g, 홀그레인 머스터드 12g, 설탕 10g, 레몬즙 4g, 소금 1g

만드는 법

① 삼치는 2~3조각 내어 소금, 후추로 밑간을 한다.
② 팬에 올리브오일을 두르고 1차로 굽는다.
③ 구운 삼치살에 마요소스를 발라 180℃ 오븐에서 10분간 굽는다.
④ 브로콜리, 컬리플라워는 튀긴 두부와 함께 겉절이 양념에 버무린다.

사용식기 및 이미지

스칸디나비아풍의 도자 식기 사용. 최신, 현대, 새로움의 이미지를 표현하였다.

그림 10-23 | 삼치구이

그릇에 담을 때 주의점

브로콜리와 컬리플라워의 크기를 다양하게 하여 단조롭지 않게 한다.

고명

신선함을 주기 위해 생선 위에 딜dill을 얹었다.

5) 단호박수프 – 방사형

재료 및 분량

단호박 1/2ea, 당근 1/2ea, 대파 20g, 양파 50g, 우유 60g, 생크림 100g, 물 200g, 버터 15g, 소금 3g, 후추 약간

만드는 법

① 팬에 버터를 두르고 양파, 대파를 투명해질 때까지 볶는다.
② 잘게 썬 단호박과 당근을 넣고 볶는다.
③ 생크림, 우유, 물을 혼합한 뒤 ②에 넣고 끓인다.
④ 믹서기를 사용하여 곱게 간다.
⑤ 소금, 후추 간을 하고 필요하면 설탕도 넣는다.

그림 10-24 | 단호박수프 – 방사형

사용식기 및 이미지

흰색의 도자 식기 사용. 방사형임을 강조하였고, 모던한 이미지를 표현하였다.

그릇에 담을 때 주의점

한쪽으로 치우치지 않게 선을 긋는다.

고명

방사형을 강조하기 위해 따로 고명은 사용하지 않는다.

6) 단호박수프 - 회오리형

재료 및 분량

단호박 1/2ea, 당근 1/2ea, 대파 20g, 양파 50g, 우유 60g, 생크림 100g, 물 200g, 버터 15g, 소금 3g, 후추 약간

만드는 법

① 팬에 버터를 두르고 양파, 대파를 투명해질 때까지 볶는다.
② 잘게 썬 단호박과 당근을 넣고 볶는다.
③ 생크림, 우유, 물을 혼합한 뒤 ②에 넣고 끓인다.
④ 믹서기를 사용하여 곱게 간다.
⑤ 소금, 후추 간을 하고 필요하면 설탕도 넣는다.

사용식기 및 이미지

흰색의 도자 식기 사용. 방사형임을 강조하였고, 모던한 이미지를 표현하였다.

그릇에 담을 때 주의점

중심부에 가깝게 원을 긋는다.

고명

방사형을 강조하기 위해 따로 고명은 사용하지 않는다.

그림 10-25 | 단호박수프 - 회오리형

7) 흑임자수프 – 안정형

: 재료 및 분량

불린 멥쌀 1/2C, 불린 찹쌀 1/2C, 흑임자 20g, 소금 2g

: 만드는 법

① 불린 멥쌀과 찹쌀을 물을 약간 넣고 믹서기에 곱게 간다.

② 바닥에 눌어붙지 않게 저어주며 끓인다.

③ 끓으면 불을 줄인 뒤 흑임자 가루와 소금을 넣어 간을 맞춘다.

: 사용식기 및 이미지

흰색의 도자 식기 사용. 안정형임을 강조하였고, 모던한 이미지를 표현하였다.

그림 10-26 | 흑임자수프 – 안정형

: 그릇에 담을 때 주의점

중심부에 가깝게 흰죽을 원형으로 3군데 떨어뜨리고 꼬치를 이용해 꼬리를 긋는다.

고명

흰죽의 안정형을 강조하기 위해 따로 고명은 사용하지 않는다.

8) 흑임자수프 – 점진형

재료 및 분량

불린 맵쌀 1/2C, 불린 찹쌀 1/2C, 흑임자 20g, 소금 2g

만드는 법

① 불린 맵쌀, 찹쌀은 물을 약간 넣고 믹서기에 곱게 간다.
② 바닥에 눌어붙지 않게 저어주며 끓인다.
③ 끓으면 불을 줄인 뒤 흑임자 가루와 소금을 넣어 간을 맞춘다.

사용식기 및 이미지

흰색의 도자 식기 사용. 점진형임을 강조하였고, 모던한 이미지를 표현하였다.

그림 10-27 | 흑임자수프 – 점진형

⁝ 그릇에 담을 때 주의점

왼쪽에서 원의 크기를 다르게 하여 5군데 찍는다.

⁝ 고명

흰죽의 점진형을 강조하기 위해 따로 고명은 사용하지 않는다.

CHAPTER 11

한식 그릇담기의 실제

11

FOOD STYLING

1. 한국 전통 음식의 색채
2. 고명을 이용한 한식 꾸미기
3. 한식 그릇담기의 문제점
4. 한식 상차림의 색채 변화
5. 유형별 그릇담기의 실제
6. 한식 푸드 스타일링 실습

1. 한국 전통 음식의 색채

우리나라의 전통 음식은 원재료의 색이 화려하지 않고 대부분 열을 가하여 익히는 음식이 많으며, 재료를 갈아서 사용하는 경우가 많고 발효 과정을 거치는 재료나 음식도 많아 선명한 색을 유지하기가 어려운 점이 있다. 우리 음식은 음양오행설陰陽五行說과 연관되어 오방색에 기본을 두고 각각 고유한 음식 맛을 내포하고 있는데, 화火는 쓴맛, 수水는 짠맛, 목木은 신맛, 금金은 매운맛, 토土는 단맛을 나타낸다. 음과 양의 조화를 위해 음陰의 육류와 양陽의 채소류를 재료로 하여 오방색을 표현하기도 한다.

2. 고명을 이용한 한식 꾸미기

한국 음식의 고명은 음식과 함께 먹었을 때 맛을 돋우는 양념의 역할과, '웃기' 또는 '꾸미' 라는 것으로 모양과 색을 아름답게 하여 먹고 싶은 마음이 들도록 멋을 내는 장식 역할도 한다. 또한 고명을 얹은 음식은 '어느 누구도 손대지 않은 음식', '아무도 먹지 않은 새 음식', '준비한 사람의 세심함과 정성스러움' 을 엿볼 수 있는 부분으로 해석되기도 한다.

고명 역시 청색, 흰색, 적색, 흑색, 황색, 즉 음양오행설에 바탕을 둔 오방색을 기본으로 하고 있으며, 주로 채소와 달걀, 종실류와 견과류, 고기 등 천연의 재료 자체의 색을 사용하기 때문에 고명은 시선을 자극하는 장식적인 효과와 함께 신선한 식자재를 그대로 사용하거나 부족한 영양분을 보충하는 역할을 동시에 하고 있다.

음양오행설에 입각한 오방색은 **표 11-1**과 같다. 토용土用이란 토왕지절土旺之節과 같은 뜻으로 오행五行에서 말하는 토기土氣가 성盛하다는 절기로, 1년에 4번 있다. 입춘, 입하, 입추, 입동의 각 18일 동안을 이른다.

표 11-1 | 음양오행설의 오방색

구분	색	계절	맛	재료
木	청색	봄春	신맛酸	보리麥, 배李
火	적색	여름夏	쓴맛苦	수수, 살구杏
土	황색	토용土用	단맛甘	기장黍, 대추棗
金	흰색	가을秋	매운맛辛	쌀米, 복숭아桃
水	흑색	겨울冬	짠맛鹹	콩豆, 밤栗

1) 흰색白 고명

(1) 흰 달걀지단

달걀은 난황과 난백으로 나뉘며, 특유의 노랗고 하얀 색깔 때문에 자연식품 중 가장 많이 쓰이는 고명이다. 열 응고성이 있어 가열하여 모양을 내기에 좋은 난황과 난백을 각각 분리한 후 소금을 넣어 거품이 일지 않게 잘 젓고, 흰자에는 녹두녹말을 약간 넣는다. 특히 흰 달걀지단은 한식의 조리기술을 가늠할 수 있을 만큼 쉬운 작업은 아니다. 먼저 프라이팬에 기름을 둘러 뜨거워지면 기름은 따라내고 불에서 팬을 내린 다음 풀어놓은 흰 달걀을 부어서 앞뒤 좌우로 기울여 얇게 퍼뜨리며, 약한 불에서 타지 않게 지지고 뒤집어 살짝 익히는 것이 중요하다. 지나치게 얇거나 누렇게 탄 경우는 고명으로 사용하면 안 된다. 나물에는 채를 썰어서 사용하고, 국 · 찜 · 전골 등에는 골패 모양으로 썰어서 사용한다. 면이나 만두, 찜 등에는 마름모로 썰어서 사용한다.

(2) 줄알

전란을 잘 풀어 장국 등에 젓가락을 이용하여 줄알을 치면 끓는 국물 속에서 부드럽게 엉기면서 익는 것으로 떡국, 만둣국, 국수장국 등에 쓰인다.

(3) 참깨

참깨는 알이 굵은 것을 골라 잘 일어 씻은 다음 타지 않게 볶아서 사용한다.

실깨는 참깨를 거피하여 뽀얗게 볶은 깨로 나물, 잡채, 적, 구이 등 대부분의 한국 음식의 고명으로 이용한다. 깨소금에 비해 고명으로 사용했을 때 지저분하게 보이지 않으며 음식을 씹을 때 고소한 향을 내는 것이 특징이다.

(4) 잣

잣은 고깔을 떼고 마른행주로 닦아 그대로 사용하거나 비늘잣 또는 잣가루로 만들어 사용한다. 통잣은 주로 화채, 수정과, 식혜 등에 띄우는 고명으로 쓰이며, 잣 가루는 손질한 잣을 한지를 깐 도마 위에 놓고 예리한 칼날로 곱게 다져 만든 다음 종이에 기름이 배면 다른 종이로 교체하면서 보송보송하게 다져서 사용한다. 잣가루는 육회, 구절판, 육포, 전복초, 홍합초 등에 뿌리거나 초간장에 넣어 사용하는 경우가 많다.

그림 11-1 | 잣가루를 고명으로 이용한 그릇담기

출처 : 한식 조리와 한식 상차림 연출, 저자 스타일링

(5) 호두

호두는 딱딱한 껍질을 벗기면 담황색의 얇은 속껍질이 있는데, 더운물에 식초를 몇 방울 떨어뜨려 담근 후 불려서 꼬챙이처럼 뾰족한 것으로 제거하여 찜, 전골, 신선로 등에 사용한다.

(6) 밤

밤은 밤나무의 열매로 겉껍질과 속껍질을 모두 벗겨서 사용한다. 찜을 할 때는 통째로 넣고, 전에 넣거나 떡고물로 사용할 때는 채를 썰며, 단자와 경단의 고물로 쓸 때는 삶아서 체에 거른다. 얇은 편이나 고운 채로 썰어 음식을 만드는 데 이용한다.

2) 노란색黃 고명

(1) 노란 달걀지단

달걀을 흰자와 노른자로 나누어 소금을 조금씩 넣고 거품이 일지 않게 잘 젓는다. 노른자 1개에는 물을 1작은술 정도 넣고, 흰 달걀지단을 부칠 때와 같은 과정으로 약한 불에서 부친다. 직사각형의 골패형이나 마름모꼴의 완자형으로 썰어 찜이나 전골에 사용하는 경우는 2~3mm의 두께로 부치고, 채로 썰기 위해서는 1~2mm의 두께로 부쳐야 한다.

(2) 알쌈

곱게 다져 양념한 쇠고기를 콩알 크기로 떼어 완자형으로 빚은 후 번철에 지져 소를 만든다. 그다음 달걀을 난황과 난백으로 나누어 풀어서 동그랗게 달걀물을 놓은 후 작은 고기완자를 넣고 반달 모양으로 싸서 익힌다. 크기는 3cm 이내로 작게 하고 주로 떡국, 신선로, 찜 등에 고명으로 올린다.

3) 빨간색赤 고명

(1) 다홍고추

다홍고추는 반으로 갈라 씨를 빼고 씻어서 물기를 닦고 곱게 채 썰어 사용한다. 양념장에는 송송 썰고, 조림이나 찜에는 어슷썰기를 하여 넣는다. 골패형 또는 완자형으로 썰어 각종 음식의 고명으로도 이용한다. 익힌 음식에 고명으로 쓸 때는 고추도 끓는 물에 살짝 데쳐서 사용한다.

(2) 실고추

마른 홍고추를 꼭지를 떼고 반으로 갈라 씨를 뺀 다음 젖은 행주로 깨끗이 닦고 물기가 있는 천에 싸 두었다가 두 개씩 돌돌 말아 채를 썬다. 실고추는 김치류, 나물류, 국수류 등에 사용하며, 2~4cm 정도로 짧게 잘라야 보기도 좋고 먹기도 편하다.

(3) 대추

마른 대추는 찬물에 재빨리 씻어 건져 마른행주로 닦고 창칼로 씨를 발라내 살을 고명으로 사용한다. 크게 썰어 찜에 넣고, 보쌈김치나 백김치 등에는 채로, 식혜와 차에는 채나 꽃 모양으로 썰어 띄운다. 대추 고명은 떡이나 과자류에 많이 쓰인다.

4) 푸른색靑 고명

(1) 실파

잡냄새를 제거하는 효과가 있어 양념이자 고명의 역할을 함께하는 것으로 실파는 국수, 국, 찌개, 전골, 찜 등 다양한 음식의 고명으로 쓰인다.

(2) 은행

은행은 신선로, 전골, 찜 등의 고명으로 쓰이며 그냥 구워서 먹기도 한다.

(3) 미나리와 쑥갓 초대

미나리와 쑥갓의 줄기 부분을 꼬치에 꿰어 달걀물을 입혀 지진 후 완자형이나 골패형으로 썰어 신선로, 전골, 탕 등에 사용한다. 국수, 찌개, 전골 등에는 푸른색의 고명으로 많이 사용되는 재료를 날것으로 쓰기도 한다. 특히 날것으로 사용할 경우는 미나리의 독특한 향이 입맛을 돋운다.

5) 검은색黑 고명

(1) 석이버섯

석이버섯은 바위에 붙어 자라 색깔이 독특하며 고급 음식의 고명으로 애용되는 대표 식자재이다. 석이는 미지근한 물에 불려 양손으로 비벼 안쪽의 이끼를 말끔하게 벗겨낸 후 말아서 가늘게 채를 썰거나 다져 달걀의 난백에 넣어 석이지단을 부치기도 한다. 석이채는 보쌈김치, 국수, 잡채, 떡 등에 쓰이며, 골패 모양으로 썰어 신선로나 전골에 넣기도 한다.

(2) 표고버섯

표고버섯의 색과 독특한 향 때문에 우리나라에서는 고명으로 주로 쓰이는데, 안쪽의 주름이 보이지 않는 갓이 완전히 피지 않은 것이 상품이다. 음식에 따라 채, 골패 모양 등으로 썰어 살짝 볶은 다음 양념(간장, 설탕, 다진 파, 마늘, 참기름, 깨소금)을 하는 것을 기본 과정으로 한다. 마른 표고버섯은 물에 헹군 후 미지근한 물 또는 찬물에 넣고 부드러워질 때까지 불려서 기둥을 떼어 사용한다. 지나치게 더운

물에 불리면 색깔이 검어지고 향기가 없어지는 경우가 있으니 주의한다. 채로 썰어 양념한 표고버섯은 볶아서 국수장국이나 비빔국수 등의 고명으로 사용된다.

(3) 고기완자

고기완자는 쇠고기에 두부를 넣고 양념하여 곱게 다져서 직경 2cm의 크기로 빚어 밀가루와 달걀물을 입혀 익힌 것으로 봉오리라고도 한다. 간은 간장만 하면 색이 짙어지기 때문에 소금과 섞어 양념한다. 고기완자는 국수, 전골, 신선로의 고명 또는 완자탕의 건지로도 사용된다.

(4) 쇠고기

쇠고기는 예로부터 귀한 식자재로서 적은 양으로도 음식의 영양을 보충하고 풍미를 돋우며 색을 보강하는 기능이 있다. 기름기 없는 살코기 부위를 가늘게 채로 썰거나 곱게 다져서 양념하여 사용하기도 하고 이것을 볶아서 쓰기도 한다. 다진 고기 고명은 떡국 · 국수장국 · 비빔국수에, 채 고명은 국수나 비빔밥에 올린다.

고명의 적절한 사용

익힌 음식에는 날 고명을 쓰지 않고 반드시 익힌 고명을 얹는다.

그림 11-2 | 고명에 쓰는 다양한 원재료와 차림새

출처 : 재외공관 오만찬 가이드북, 저자 스타일링

그림 11-3 | 다양한 고명을 이용한 한식 그릇담기

출처 : 한식 조리와 한식 상차림 연출, 저자 스타일링

3. 한식 그릇담기의 문제점

재료의 면적을 작게 채로 썰거나 다지는 음식이 많아 색의 순도가 떨어지고 선명하게 표현되지 않으며, 먹기 위해 버무렸을 때 어수선해 보이는 경향이 있다.

또한 오래 끓인 찌개나 국, 김치나 젓갈과 같은 발효 음식이 많아 상차림의 채도가 낮다. 원래의 색을 살리지 못하고 무채색으로 인식되며 전통 상차림에는 순색이 거의 사용되지 않았다. 이는 한국 고유의 장을 사용하기 때문이며, 발효하는 과정에서 색이 바래지거나 탁해진 탓이다.

마지막으로 한국의 전통 상차림에는 여러 색이 한꺼번에 등장한다. 좁은 면적에 거의 여백 없이 차려지기 때문에 화려한 느낌은 살릴 수 있으나 자칫 산만해지기 쉽다.

4. 한식 상차림의 색채 변화

먼저 한식 그릇담기의 문제점을 인식해야 한다. 예를 들어 채도가 낮은 음식은 식기의 색상과 재질의 변화로 단점을 보완하는 등 푸드 디자인의 요소를 감안하여 그릇담기를 한다면 다양한 변화와 함께 한식 상차림의 문제점을 해소할 수 있을 것이다.

반상기만이 아닌 다양한 형태와 소재의 식기를 이용하여 변화를 꾀함으로써 한식 상차림의 형태와 배색을 새롭게 할 수도 있다. 전통 상차림에서 사용하는 오방색은 정해진 색으로서 일정한 면적비로 구성되어 단조로운 인상을 주기도 한다. 오방색을 기초로 하여 다양한 색의 면적비를 통한 새로운 색상대비, 부피감의 변화, 리듬감의 강조로 획일적이고 전형적인 한식의 배색에서 벗어나 다양한 이미지를 연출할 수 있다.

5. 유형별 그릇담기의 실제

1) 주식류

비벼 먹는 비빔밥이나 국수 등 밥류와 면류의 한그릇 요리는 그릇 윗부분에서 많이 솟아나지 않도록 담는다. 특히 운두가 깊은 그릇에 담을 때는 고명을 그릇 높이로부터 3cm 이내에 올린다. 위에 올리는 고명은 가지런히 정리하고, 메뉴에 따라 비벼서 세팅하는 음식은 비빈 다음 남은 고명을 맨 위에 얹는다.

한그릇 요리를 담을 때는 규칙성이 있어야 하며 비례감을 고려하여 전체적인 통일감을 이루도록 한다.

그림 11-4 | 한그릇 요리의 그릇담기

출처 : 한식 조리와 한식 상차림 연출, 저자 스타일링

2) 부식류

(1) 김치

색상과 문양이 화려하지 않은 백자, 청자, 분청사기 등이 적당하며 고춧가루를

사용하지 않은 흰색의 물김치 종류는 철유를 사용해도 무방하다. 전통 음식을 표현하기 위해 놋그릇에 담아내면 격식 있는 분위기를 표현할 수 있다.

김치류를 담을 때는 국물이 많으므로 주의하며, 고춧가루나 양념을 잘 처리하여 담아야 한다. 또한 한 접시에 담을 때도 줄기 부분과 잎사귀 부분의 적절한 분배가 필요하다.

① 배추김치

- 오목한 접시를 사용할 경우 국물을 너무 많이 담지 않는다.
- 아래쪽에 줄기 부분을 담고 위쪽에 잎사귀 부분을 담는다. 마르지 않도록 수저로 국물을 끼얹고 약간의 김칫소 등을 올려 고명으로 활용한다.

그림 11-5 | 배추김치의 그릇담기

출처 : 재외공관 오만찬 가이드북, 저자 스타일링

② 국물김치

- 배추, 무, 갓, 실파 등을 함께 넣은 배추무 물김치, 무갓김치, 동치미와 같이 재료를 두세 가지 이상 섞고 국물의 양을 많게 담근 국물김치는 식기에 군집을 이루어 담아낸다.
- 실파 등은 부피감이 있게 묶어 주거나 먹기 좋은 크기로 가지런히 정리한다.
- 무는 두께를 맞춰 썰고 비스듬히 눕혀 결이 보이게 놓는다.
- 국물의 양은 그릇 깊이의 1/2 이상 넘지 않고 내용물이 보이도록 한다.

그림 11-6 | 다양한 재료가 섞인 국물김치의 그릇담기

출처 : 재외공관 오만찬 가이드북, 저자 스타일링

(2) 나물 · 무침

나물(생채 · 숙채)은 목기나 도자기로 된 오목접시, 사각접시 등을 사용하며 인원수를 잘 감안하여 담는다. 젓가락으로 집어 올릴 때 불편하지 않도록 내용물을 털어 가면서 골고루 무치고, 양을 조금씩 나누어 담아낸다.

오목접시에 담을 때는 운두 높이 정도에 맞춘다. 운두 윗부분보다 높게 쌓으면 보기에 좋지 않다. 오목접시에는 볶아서 국물이 생긴 나물을 담고, 평평한 접시에는 물기가 없는 것을 담는다.

통깨나 다진 청홍고추를 고명으로 올릴 때는 자칫 지저분하게 보일 수 있으므로 주의한다.

무침은 굽이 있고 운두가 깊은 접시를 활용하면 격식 있게 연출할 수 있다. 나물 등의 무침을 담을 때는 너무 높게 쌓지 않으며, 그릇보다 위로 올라온 부분은 3cm 이내가 보기에 좋다. **그림 11-8** 은 홍시소스를 이용한 죽순무침이다.

무침의 고명으로는 황백지단, 실고추 등이 적당하다. 그릇 밑바닥의 여백이 40% 이상은 보이도록 담는다.

그림 11-7 | 나물류의 그릇담기

출처 : 재외공관 오만찬 가이드북, 저자 스타일링

그림 11-8 | 홍시죽순무침의 그릇담기

출처 : 재외공관 오만찬 가이드북, 저자 스타일링

(3) 구이

생선이나 고기 등의 칼집을 내거나 소금을 뿌려 구운 부위를 위로 하여 담는다. 생선구이를 통째로 놓을 때는 긴 사각접시나 타원형 접시를 이용한다.

토막생선구이는 15cm 이하의 사각형·원형·타원형의 접시에 담으면 안정적인 느낌을 연출할 수 있다. 생선구이 위에 파슬리나 깻잎과 같은 푸른잎 채소 등으로 장식을 하면 대비 효과에 의해 신선한 건강식의 이미지도 강조할 수 있다. 이렇게 장식물을 활용할 때는 먹을 수 있는 재료를 선택하며 높낮이형 그릇담기가 보다 효과적이다.

구이에는 레몬이나 릴을 곁들이면 입맛을 자극할 수 있다.

그림 11-9 | 토막생선구이의 그릇담기

출처 : 재외공관 오만찬 가이드북, 저자 스타일링

(4) 찜 · 탕 · 찌개

뜨거운 요리는 뜨거운 상태로 나갈 수 있도록 반드시 식기의 재질을 고려한다.

그릇의 여백을 많이 남겨 두지 않으며 내용물을 소담하게 담고 고명이나 곁들임 채소는 마지막에 놓는다.

① 사용한 식자재가 모두 보이도록 담으며, 무거운 재료를 아래에 놓고 나머지를 잘 쌓아 입체적으로 표현한다.

② 밤, 대추, 은행 등의 고명은 중간에 미리 빼서 짓무르지 않도록 조리 시간을 확인한다.

③ 황백지단을 얹어 격식을 갖추거나 고급스러움을 강조할 수 있으며, 푸짐하다는 느낌이 들도록 담는다.

④ 온도를 유지할 수 있도록 도자기류를 사용하며 식공간의 이미지와 주제에 맞는 식기를 선정한다. 인원수가 많을 경우에는 운두가 약간 높고 큰 오목한 도

그림 11-10 | 찜과 탕의 그릇담기

출처 : 재외공관 오만찬 가이드북(좌), 한식 조리와 한식 상차림 연출(우), 저자 스타일링

자기 그릇에 담고 1인분씩 담을 때는 개인용 찜기가 좋다.

탕과 찌개는 내용물을 먼저 담고 주요 식자재와 고명을 가지런히 배열한 다음 후처리를 한다. 탕이나 찌개에 사용하는 대파, 쑥갓, 청홍고추는 따로 전처리하여 고명으로 이용할 수 있도록 준비한다.

(5) 전

전은 겉이 타지 않도록 색을 잘 맞추면서 속을 익혀야 한다. 밀가루나 달걀의 옷이 벗겨지지 않도록 조심해서 부치고 고명을 얹을 때는 위치가 적당한지 확인한다. 칼집을 낼 경우에는 방향을 일정하게 맞추고 두께, 크기, 형태를 통일한다.

그림 11-11 | 전의 그릇담기

출처 : 재외공관 오만찬 가이드북, 저자 스타일링

6. 한식 푸드 스타일링 실습

1) 김밥

재료 및 분량

김밥김 4g, 쌀밥 200g, 우엉 20g, 당근 30g, 시금치 20g, 참기름 10g, 소금 2g, 통깨 5g, 새발나물 50g

만드는 법

① 쌀밥은 소금, 참기름, 통깨로 간을 한다.
② 우엉은 간장에 조리고 당근은 채 썰어 볶아 준비한다.
③ 시금치는 끓는 물에 살짝 데쳐 참기름, 소금에 버무린다.
④ 김발에 김밥김을 깔고 밤, 우엉, 당근, 시금치를 얹고 만다.
⑤ 윗면에 참기름을 발라 먹기 좋게 썬다.

사용식기 및 이미지

흰색의 도자 식기 사용. 모던 이미지를 표현하였고, 단조로운 김밥에 높이가 있는 식기를 사용함으로써 높이감을 주었다.

그림 11-12 | 김밥

⋮ 그릇에 담을 때 주의점

김밥 안 부재료들의 위치가 같게 하고, 높이를 동일하게 하여 썬다.

⋮ 고명

김밥 안 부재료들의 다양한 색감을 살리기 위해 새발나물 무침을 높게 쌓아 올리듯 놓는다.

2) 단호박죽

⋮ 재료 및 분량

단호박죽 1ea, 물 500ml, 설탕 15g, 소금 2g, 찹쌀가루 100g

⋮ 만드는 법

① 단호박을 적당한 크기로 잘라 끓는 물에 푹 삶는다.
② 믹서기를 이용하여 물과 함께 곱게 간다.
③ 다시 냄비에 넣고 소금과 설탕을 넣고 누르지 않게 저어주며, 걸죽해지면 찹쌀가루를 나누어 넣고 끓인다.
④ 찹쌀가루로 익반죽한 새알심을 함께 끓인다.

⋮ 사용식기 및 이미지

청화백자 식기 사용. 클래식한 고급스러운 이미지를 표현하였다.

⋮ 그릇에 담을 때 주의점

새알심이 밑으로 가라앉지 않게 주의하고, 흔들리지 않게 조심한다.

⋮ 고명

새알심을 사용하였다.

그림 11-13 | 단호박죽

3) 들깨 순두부찌개

재료 및 분량

- 순두부 1/2ea, 표고버섯 2ea, 양파 50g, 청양고추 8g, 홍고추 8g, 대파 10g, 애호박 20g, 쑥갓 2g, 국간장 4g, 소금 2g, 멸치 다시육수 2C
- 들깨 육수 : 들깻가루 20g, 찹쌀가루 10g, 멸치 다시 육수 1C

만드는 법

① 생 표고버섯은 5mm로 편 썰고, 양파는 5mm로 채 썬다.
② 홍고추와 청고추, 대파는 어슷하게 썬다.
③ 멸치 다시국물에 찹쌀가루와 들깻가루를 넣고 개어서 들깨 육수를 만든다.
④ 멸치 다시국물에 야채를 넣고 끓인 뒤 순두부를 넣는다.
⑤ ③번의 들깨 육수를 풀어 준 뒤 국간장, 소금으로 간을 한다.

사용식기 및 이미지

옹기로 연출. 시골풍의 넉넉한, 투박한, 정겨운, 따뜻한, 온화한 이미지를 나타낸다.

그림 11-14 | 들깨 순두부찌개

⋮ 그릇에 담을 때 주의점

내용물을 넉넉하게 담고, 순두부가 많이 으깨지지 않게 주의한다.

⋮ 고명

송송 썬 대파와 쑥갓 어린잎으로 신선함을 준다.

4) 고등어 김치찜

⋮ 재료 및 분량

고등어 2마리, 김치 70g, 물 600g, 다진 마늘 8g, 미림 20g, 간장 12g, 김치 국물 15g, 양파 100g, 대파 20g

⋮ 만드는 법

① 냄비에 물, 김치, 김치 국물, 다진 마늘을 넣고 센불에서 7~10분 끓인다.
② 약불로 줄이고 미림, 진간장을 넣어 30분 정도 삶는다.
③ 마지막 대파와 채 썬 양파를 올려 5분간 끓인다.

⋮ 사용식기 및 이미지

흰색의 도자기 사용. 모던하고 현대적인 이미지를 표현하였고, 곁들임 장을 같이 표현하였다.

⋮ 그릇에 담을 때 주의점

흰밥과 고등어 김치의 경계선이 뚜렷하게 한다.

⋮ 고명

쌀밥 위에 송송 썬 쪽파를 얹어 먹음직스럽게 연출하였다.

그림 11-15 | 고등어 김치찜

5) 우엉 잡채

재료 및 분량

- 우엉 100g, 홍고추 5g, 청고추 10g, 대파 20g, 당면 50g
- 양념장 : 간장 12g, 미림 10g, 설탕 15g, 물 30g, 통깨 10g, 다진 파 10g, 다진 마늘 5g, 참기름 10g, 후춧가루 약간
- 우엉 조림장 : 진간장 12g, 미림 10g, 설탕 5g, 물 30g

만드는 법

① 당면은 찬물에 30분간 불린다.
② 우엉은 얇게 채 썰어 우엉 조림장에 30분 정도 약불에서 조린다.
③ 홍고추와 청고추, 대파는 얇게 채 썰어 찬물에 담그고, 청고추는 식용유에 살짝 볶는다.
④ 당면은 양념장에 한 번 볶듯 익힌 뒤 우엉과 함께 섞는다.

사용식기 및 이미지

노란색을 띠는 흰 도자기 식기 사용. 현대적 모던함을 표현하였다.

그림 11-16 | 우엉 잡채

⋮ 그릇에 담을 때 주의점

당면과 우엉을 조화롭게 하고, 앞의 고명과 크기를 일정하게 하여 모던함을 표현한다.

⋮ 고명

흰색의 파 채와 적색의 홍고추 채, 푸른색의 청고추를 앞면에 담음으로써 어두운 당면의 색을 가려 전체적인 톤을 밝게 한다.

6) 오이 죽순 초무침

⋮ 재료 및 분량

- 오이 1ea, 죽순 100g, 쑥갓 20g, 새싹채소
- 양념장 : 고추장 20g, 고춧가루 10g, 식초 12g, 매실청 15g, 물엿 5g, 소금 1g, 다진 마늘 4g, 참기름 10g, 깨소금 8g

⋮ 만드는 법

① 죽순은 밀가루를 이용해 깨끗이 씻은 다음 끓는 물에 데친다.
② 쑥갓은 5cm 길이로 썬다.
③ 양념장의 재료를 모두 혼합하여 죽순과 쑥갓에 버무린다.

⋮ 사용식기 및 이미지

라이트블루 계열의 차가운 감성의 원형 도자 식기 사용. 여름 분위기가 나는 식기와 마 소재의 매트를 이용하여 표현하였다.

⋮ 그릇에 담을 때 주의점

1인 분량을 고려하여 담고, 무침 요리는 두세 번 나누어 쌓아 가듯 담으면 모양을 잘 살릴 수 있다.

그림 11-17 | 오이 죽순 초무침

고명

새싹채소를 얹어 신선함을 준다.

7) 팥양갱

재료 및 분량

통팥배기 100g, 팥앙금 200g, 한천가루 10g, 물 300g, 설탕 50g, 물엿 50g

만드는 법

① 물에 한천가루를 불린 뒤 끓인다.
② 팥앙금, 통팥배기를 넣어 푼다.
③ 설탕, 물엿을 넣고 녹인다.
④ 끓으면 불을 끄고 틀에 부어 냉장고에서 식혀 굳힌다.

사용식기 및 이미지

높이가 있는 사각형의 흰색 도자기 사용. 사각형의 식기와 통일감이 있게 양갱도 사다리꼴의 골패형으로 썰어 사용한다.

그림 11-18 | 팥양갱

⋮ 그릇에 담을 때 주의점

중심부에서 고명과 양갱을 담아 균일감을 준다.

⋮ 고명

크랜베리와 생 민트잎을 얹어 가볍고 밝은 후식 느낌을 주었다.

8) 청포도 빙수

⋮ 재료 및 분량

얼음 200g, 청포도청 20g, 청포도 60g

⋮ 만드는 법

① 얼음은 빙수기에 갈아 청포도 청을 섞는다.
② 청포도는 반을 갈라 위에 얹는다.

⋮ 사용식기 및 이미지

현대적인 옹기 사용, 식기 재질감은 투박하지만 형태가 간결하여 후식용으로 적합하다.

⋮ 그릇에 담을 때 주의점

부피감을 살려 담는다.

⋮ 고명

바질잎을 얹어 상큼함을 더한다.

그림 11-19 | 청포도 빙수

9) 떡갈비 구이

재료 및 분량

- 갈빗살 600g, 밀가루 50g, 무화과 50g, 버섯 20g, 아스파라거스 10g, 쑥갓 2g, 식용유 15g
- 양념장 : 소금 2g, 다진 파 12g, 다진 마늘 8g, 참기름 5g, 깨소금 5g, 간장 30g, 간 양파 10g, 간 배 20g, 청주 10g, 설탕 15g, 후춧가루 약간

만드는 법

① 갈비살을 다져 양념장에 버무린다.
② 80g씩 분할하여 팬에 굽는다.
③ 무화과, 아스파라거스, 버섯을 석쇠를 사용하여 살짝 굽는다.

사용식기 및 이미지

금색과 갈색 띠가 있는 흰색 도자 식기 사용. 현대적이고 클래식한 고급스러운 이미지를 표현하였다.

그림 11-20 | 떡갈비 구이

⋮ 그릇에 담을 때 주의점

떡갈비와 가니쉬의 균형을 맞춰 담고, 여백을 잘 살린다.

⋮ 고명

어두운 떡갈비의 윗면에 아스파라거스와 쑥갓을 얹어 색감을 살린다.

10) 살치살과 비빔국수

⋮ 재료 및 분량

- 소면 130g, 살치살 150g, 참나물 30g, 표고버섯 20g
- 불고기 양념 : 간장 20g, 설탕 10g, 다진 파 10g, 다진 마늘 4g, 참기름 8g, 깨소금 4g, 후추 약간
- 참나물 양념 : 들깻가루 20g, 들기름 10g, 깨소금 5g, 다진 마늘 4g

⋮ 만드는 법

① 살치살은 불고기 양념에 재워 팬에 굽는다.
② 소면은 끓는 물에 3분간 삶아 20g씩 말아 참기름을 바른다.
③ 표고버섯은 편 썰고, 참나물은 5cm로 썰어 참나물 양념에 무친다.

⋮ 사용식기 및 이미지

기와 형태의 흰색 도자 식기 사용. 현대적으로 재해석하였다.

⋮ 그릇에 담을 때 주의점

소면과 참나물을 이용하여 풍성함을 잘 나타내고 여백을 잘 활용한다.

그림 11-21 | 살치살과 비빔국수

고명

식재료가 다양하게 요소로 활용되었기 때문에 조화를 위해 고명은 따로 사용하지 않는다.

11) 콩국수

재료 및 분량

콩국수용 콩 500g, 오이 1ea, 배 1/2ea, 메추리알 2ea, 토마토 1ea, 소면 80g, 깨소금 10g, 소금 2g

만드는 법

① 콩국수용 콩은 깨끗이 씻어 반나절 불린다.
② 찬물에 콩을 푹 삶고 하얀 거품은 제거한다.
③ 콩을 비비며 껍질은 벗긴다.
④ 콩 1C에 물 2.5C, 소금 2g을 넣고 믹서기에서 아주 곱게 간다.
⑤ 오이는 편 썰어 소금에 절인 뒤 씻고, 배와 토마토는 조각낸다. 메추리알은 삶아 썰어 준비한다.

그림 11-22 | 콩국수

사용식기 및 이미지

유기 사용. 전통적이고 고급스러운 클래식 이미지를 표현하였다.

그릇에 담을 때 주의점

콩국수 국물을 국수의 60% 정도 채우고, 고명의 형태를 각각 다르게 하여 재미를 더한다.

고명

토마토, 배, 오이, 삶은 메추리알을 사용한다.

12) 양배추전

재료 및 분량

양배추 150g, 참나물 50g, 부침가루 80g, 달걀 60g, 소금 3g, 식용유 20g

만드는 법

① 양배추는 얇게 채 썰고, 참나물은 3cm로 썬다.
② ①에 부침가루, 달걀, 소금을 넣어 반죽을 완성한다.
③ 팬에 식용유를 두르고 1cm 두께로 전을 지진다.

사용식기 및 이미지

가로무늬가 있는 자유형의 옥색 식기 사용. 현대적, 내추럴한 이미지를 표현하였다.

그릇에 담을 때 주의점

너무 높게 하지 않아 안정감을 살리도록 주의한다.

고명

고명은 따로 하지 않고, 앞면에 곁들임 장을 함께 그릇담기 한다.

그림 11-23 | 양배추전

13) 버섯밥

재료 및 분량

쌀 330g, 느타리버섯 80g, 표고버섯 40g, 은행 10g, 시금치 20g, 양파 50g, 달걀 60g

만드는 법

① 쌀은 30분간 불려 준비한다.
② 느타리버섯은 밑동을 제거하여 손으로 찢고, 표고버섯은 편 썬다.
③ 은행은 기름에 볶아 준비하고, 시금치는 한 번 데쳐 찬물에 씻는다.
④ 양파는 5mm 두께로 채 썰고 달걀은 지단을 부친다.
⑤ 불린 쌀에 버섯을 올리고 밥을 짓는다.
⑥ 뜸을 들일 때 시금치, 은행을 넣어 1분간 함께 뜸 들인다.

사용식기 및 이미지

비비드 그린vivid green 계열의 도자 식기 사용. 현대적이고 모던함을 표현하였고, 내추럴함을 강조하였다.

그림 11-24 | 버섯밥

그릇에 담을 때 주의점

1인 분량에 맞춰 담되, 부재료의 양을 고려하여 담는다.

고명

참나물을 윗면에 담아 심플하게 사용한다.

참고문헌

김경미 외. 색채와 푸드 스타일링. 교문사, 2006
김경미 외. 푸드 스타일링. 교문사, 2005
김민기 외. 색채와 푸드 스타일링. 도서출판 효일, 2009
김선희. 푸드 스타일링의 이론과 실제. 대왕사, 2010
김수인. 담양 떡갈비 담음새 실태조사 및 개선방안. 동아시아식생활학회지, 2012
김수인. 푸드 코디네이트. 도서출판 효일, 2005
김수인. 한국 외식 정보. 푸드 코디네이트 개론, 2004
김영인 외. 패션의 색채언어. 교문사, 2009
유한나 외. 푸드 스타일링. 백산출판사, 2010
주나미 외. 음식과 공간미학. 파워북, 2010

저자 스타일링
글로벌 bamboo 소믈리에 가이드북
일상의 찬
재외공관 오만찬 가이드북
죽순 요리 Ⅱ/Ⅲ/Ⅳ
채소 음식
채소가 맛있다
한국인이 가장 사랑하는 음식 韓食, 전주 음식 50선
한식 조리와 한식 상차림 연출

소망을 담아 정성으로 빚고 마음으로 베풀다 전시회, 2012
안면도국제꽃박람회, 2009
이천도자비엔날레, 2007
홈 · 테이블 데코 페어, 2011/2012

전주대학교 푸드 스타일링 수업, 2011
한양여자대학교 푸드 스타일링 수업, 2011/2012

저자 소개

김수인

전주대학교 한식조리학과 교수

장혜진

한양여자대학교 외식산업과 교수

개정판 푸드 스타일링

2012년 9월 25일 초 판 발행
2020년 9월 5일 개정 2쇄 발행

지은이 | 김수인 · 장혜진
발행인 | 유제구
발행처 | 파워북
주 소 | 경기도 고양시 일산동구 호수로 358-25
동문타워 2차 529호
전 화 | (02) 730-1412
팩 스 | (031) 908-1410
등 록 | 1997. 1. 31. 제2014-000067호

정 가 22,000원
ISBN 978-89-8160-252-9 (93590)